リーダーシップに出会う瞬間

成人発達理論による自己成長のプロセス

有冬典子　著

加藤洋平　監修・解説

日本能率協会マネジメントセンター

リーダーシップに出会う瞬間◎目次

第2章 視野の狭いリーダー
——利己的段階のリーダーがいる組織

第3章 八方美人の困惑
——他者依存段階から自己主導段階への成長プロセス

第6章　コアリーダーになる！
――相互発達段階（自己変容段階）へのステップ

主な登場人物

●本社営業部

青木美智子（主人公）……都内の大手食品メーカー勤務。入社9年目、31歳。営業部配属で主任職。夫と2人暮らし。

後藤正人（後藤課長）……主人公の直属の男性上司。青木さんに管理職を目指すことを勧める。

川村純子（純子ちゃん）……主人公と仲の良い後輩女性。27歳。

西本博之（西本君）……純子ちゃんと同期入社の男性。27歳。率直な性格。

●本社総務部

小林久美子（小林課長）……社内初の女性管理職。54歳。面倒見がよく仕事ができる切れ者だが、敵に回すと怖いと噂されている。

桃井ゆかり（桃井さん）……小林課長と仲が良い52歳の女性。背が高くて細身。話すとき語尾を伸ばすのがクセ。

梅村千佳（梅村さん）……小林課長に可愛いがられている女性部下。40歳。少々腰が低すぎて押しに弱そう。愛想笑いがクセ。

東野（ひがしの）優一郎（東野君）……入社2年目の若手男性社員。仕事の手際が悪く、小林課長によく叱られている。

●神奈川支社

石田文雄（石田部長）……本社勤務から神奈川支社へ異動した男性部長。少々神経質で心配性なところがある。

森尾友子（森尾課長）……第2商品管理部の女性課長。44歳。小柄で親しみやすい人柄の女性。青木さんのメンター的な存在。

前田ユミ（ユミちゃん）……森尾課長の直属の部下で、主人公とは同期入社。眼鏡を掛けており、観察眼が鋭い女性。多趣味。

●その他

青木光一（夫）……主人公と同い年の夫。金曜日の夜は夫婦2人でワインを飲むのが習慣。

西園寺真紀（西園寺さん）……主人公と同じ会社でかつて管理職を務めていた女性、45歳。3年前に家族の介護を理由に退職。退職時42歳。

第1章

リーダーシップって何だろう

――コアリーダーとエゴリーダー

リーダーになれって言われても

「管理職をやれと言われても、あんなふうにはなりたくないなあ」と、私は会社の玄関ロビーでコートを羽織りながら思った。

都内の大学を卒業後、大手食品メーカーに入社した。今、入社9年目になる。1年半ほど前に主任の職位に就いた。とはいえ、我が社では男性でも女性でも、そのほとんどが30歳前後で主任になる。

新入社員として最初は都内の営業所に配属された。男性も女性も20代はジョブローテーションが組まれており、そこで2年間過ごすと本社のマーケティング部へ異動となった。そこでは上司に気に入られて4年ほど所属することとなったが、2年前に営業部へ異動した。

部署は変わっていくが、基本的に総合職のサポート業務だ。少々マンネリを感じていることは否めないが、数年ごとに開催される社員研修では新しいスキルや意識改革を施され、そのたび刺激にはなる。普段から人の話の聞き役に回ることが多いからか、以前の部署の上長からも、そして今の上長からも推薦され、ここ4~5年は人事が運営している新入社員向け社内メンター制度のメンター役を毎年引き受けている。

昨年は社内システム変更準備委員会に関わることになったが、補佐的な立ち回りが得意なこともあり、そこで委員長をしていたシステム課の課長に重宝がられて副委員長を命じられた。

あの仕事はやりがいがあったし、おかげで部署を超えた知人ができ、社内の人間関係は良好だ。昨年、同い年の彼と結婚をした。しばらくは2人の暮らしを楽しもうと話しており、子どもはまだいない。

課長に呼び出されたのは、終業時間まであと少しというタイミングだった。

「青木さん、後藤課長が呼んでるぞ。打ち合わせブースに来てってさ」

係長が私にそう言った。彼は近く我が社の上海支社へ赴任する話が出ている。片手に中国語のテキストを握っている。この後、語学スクールへ行くのだろう。

「はい、わかりました」と言って、私は打ち合わせブースに向かった。

打ち合わせブースでは、営業部1課の後藤課長が何かファイルを開いて私を待っていた。私が顔を出すとそのファイルを閉じ、「いやあ、帰り際に悪いねえ」と言って、ひとつふたつ近況を尋ねる質問をした。そして、おもむろにこう言った。

「ところで青木さん、君、将来管理職を目指してみないか？」

社内に女性活躍推進プロジェクトチームが立ち上がり、社内の女性管理職比率を近い将来30％にするという目標があると社内イントラネットで回ってきていたことを思い出した。

——候補メンバーになっているのね。困ったな、と、私は思った。

「管理職……課長を目指すのはどうか、ということですか？」

「そうだ。今度うちの係長に、海外赴任の話が出ていることは、君も耳にしていると思う。その後の係長候補として、青木さんはどうかと考えているんだ、それも将来管理職になることをちゃんと視野に入れて」

一般職の女性でも、係長になっているケースは少ないわけではない。しかし、彼女たちはみな係長どまりで、課長になっている人は数えるほどしかいない。後藤課長が「ちゃんと」という言葉をつけたのは、このような背景があるからだろうか。

私は返答をためらった。

「ごめんごめん、なにか戸惑わせてしまったかな」

「あ、いえ、あの……確かに、部署内を見ると年齢的に係長に推薦できるのは私かもしれませんが……、なぜ今この時点で私に管理職の話までおっしゃるのでしょう。それがちょっと気になってしまって」

「そうだね、ちょっと唐突だったね。順を追って話そう。まず君を推薦したい理由だ。君はこれまでいろいろな部署でよく経験も積んできているし、評判もいい。マーケティング部のころなど、君でないと困るという取引先もいたそうじゃないか」

課長は先ほど開いていたファイルを指差し、そう言った。それは私がマーケティング部にいたころの、目標管理面談シートの入ったファイルだった。

「いえ、あれは担当者があまりに多忙だったので、彼の仕事を引き受けているうちに、私がそのお取引先を抱えることになってしまっただけです」

そう、私は単にアシスタントとして、業務過多な担当者をサポートしただけだ。

「謙遜しなくていいんだよ。それだけじゃない。後輩たちの信頼も高い。定期面談のとき、青木さんに対する感謝の言葉や、信頼しているという声をよく聞くよ。我が部署から次世代のリーダーとして会社に推薦するとしたら、君しか考えられないんだよ。決して年齢だけで選んだわけではないさ」

私としては、ただ目の前の仕事を真面目にこなしていただけなのだが、それを評価されたということか。

後藤課長はそのまま続けた。

「また、管理職になることを前提で考えてほしい、と思っているのは、青木さんにその素質があると感じているからだよ。決して持ち上げるつもりで言っているのではない。それに、今は女性も長く働く時代になった。長い目で仕事を見たほうがいい。今後も社内でキャリアを積む気持ちがあるなら、引き受ける役職の、もうひとつ上の役割を担う心構えを持ちながら遂行することが得策だよ。青木さんには、ちゃんとそういう見通しを持って社内のキャリアを積んでもらいたいと思っている。というわけで、まずは青木さんにその意志があるかどうか、来週頭に再度面談の時間を取るので、そこで考えを聞かせてほしい」

私は会社から駅へ向かう道で、後藤課長の話を思い出しながらつぶやいた。

「私が管理職ねえ……」

我が社は、監督職の女性係長は少なくないが、管理職の女性課長となるとほんの数えるほどで、あとはみんな男性だ。

――管理職をやるってどういう感じなのかな。うちの後藤課長みたいな感じ？　でも後藤課長は男性だし……イメージが湧かないなあ。

間違いなく、今より責任は重くなる。当たり前だが、上から言われたことをただこなしているだけでは済まされなくなるだろう。様々なことを判断していかなくてはいけなくなる。そうした決断力が私にあるのだろうか。いや、それらも上司や後輩や同僚たちの力を借りながらなんとか乗り越えられるかもしれない。

しかし、私が一番気になるのは周りの目だ。女性の管理職となると、変に目立ってしまう。女性だから管理職になれたんだろう、ということを言われたりしないだろうか。

「そんなの嫌だなあ」思わず声が漏れた。

管理職になると部下の評価をしなくてはいけなくなる。今のように部長や課長の愚痴をおもしろおかしくランチタイムに語り合う関係性はなくなるだろう。育成のために後輩や部下に耳の痛い話をしなくてはならない。

派遣社員と正社員の間のいざこざも、ただ、なぐさめてあげるだけではなく本格的に介入しなくてはいけないだろう。他部署との丁々発止の交渉場面も当然引き受けなくてはならない。

私はそういうことがとても苦手だ。

ふと、3年ほど前に親の介護のために退職した、40代の女性管理職のことを思い出した。西園寺さんという名前の女性だ。本社の商品管理部の仕入担当課長を務めていた彼女は、どこかいつも表情が厳しく、真面目で几帳面な感じの近寄りがたい女性だった。

業務上のやりとりをすることはあったが、彼女に回す仕事は細かくチェックが入り差し戻しになるので、気を遣った。

私がまだマーケティング部にいたころ、西園寺さんがマーケティング部から商品管理部に出されるデータ出力依頼書のやりとりがルーズだということで、課長に話をしに来たことがあった。

「会社の決まりなのですから、きちんと守ってもらわないと困ります」というセリフを残して西園寺さんが去ったあとで、課長が苦笑いしながら「彼女の言ってることは正しいんだけど、まあこちらにも事情があるんだけどなあ」と我々に愚痴を言っていたのが印象的だった。

――あんなふうにカリカリしないとやっていけないのかしら。嫌だなあ。

子どものころから周囲に気を配る性格。話題の中心になるタイプではなく、みんなが仲良く冗談を言っているときにニコニコと笑ってその場を楽しんでいるタイプだった。みんなが満足するのなら自分は多少の我慢をすることも平気だった。人との対立が苦手で、なんとか円満に世を渡るスキルと知恵を身につけてきた気がする。

――やっぱり、私なんかが管理職なんて無理だわ。それにいつかは子どももほしいし、そうなると女性が管理職を引き受けるってちょっと無理が出てくる気がする。現に小林さんだって、独身だし。

同じフロアの総務部にいる50代半ばの小林課長を思い出した。彼女は独身だ。10年ほど前に彼女が人事部の教育課にいたころ、社内初の女性管理職として抜擢され、今は総務部総務課長を務めている。バイタリティがあり、仕事ができる切れ者だ。

しかし、彼女と同じ総務部配属の女性社員が以前こう噂していたことを思い出した。

「小林さんって、いわゆる、お局様……ってやつよね。面倒見がいいし、頭の回転も早いし、決して悪い人じゃないんだけど、少々視野が狭いというか、自分中心的っていうか。まあ、あまり敵に回したくないタイプよね」

私が入社したとき、新人研修の社内講師として電話応対やお茶出しの作法などを教えてくれたのは、当時すでに教育課の課長だった小林さんだった。テキパキしていて、姉御肌の頼れる素敵な先輩だと思ったが、きっと管理職ともなると、こうして周りに気を遣われる存在になるのだろう。少なからず煙たがられるのだ。

「ああいうふうになりたくはないなあ」

帰りの地下鉄の中で、西園寺さん、そして小林さんの顔を交互に思い浮かべ、私はつぶやいた。

ただ、後藤課長が言う、これからは女性も長い目で仕事を見たほうがいい、という言葉は引っかかっていた。

身近で女性管理職をあまり見ないのでピンとは来ないが、大学時代の女友達の何人かは、すでに組織の中でグループ長やプロジェクトチームのリーダーなどを任されていたりする。

学生時代から将来を見据え「すぐに戦力として使ってくれる環境で自分を磨いて、早く一人前になりたい」とベンチャー企業に新卒就職し、20代のうちに地方の支社の副支社長を任され、先日とうとう支社長に昇格した友達もいた。

「こういう時代よね、今は。それにリーダーって役割は大変なこともあるけど、やりがいもあるのよ」と、女子会で彼女たちが話していたのを思い出した。会社が敷いてくれたレールに乗っかっていただけの私は、前向きにキャリアについて考える彼女らを少し眩しく感じたものだ。

とはいえ、私も社内システム変更委員会で副委員長を任されたとき、言われたことだけをこなすのとは違うおもしろみを感じていたことを覚えている。

また、私がメンターを引き受けた新人たちは、成長が早い、と人事の担当者が言っていた。何はともあれ、後輩たちの成長が嬉しくて、つい熱心に話を聴いてしまうからかもしれない。やりがいがある。

それに比べて、本来の職務である今の営業部での仕事は完全な補助業務だ。マーケティング部のときのように任されているクライアント先もない。正直……マンネリ感は否めず、このままでいいのかとふと考える日も、ないわけではない。

——長い目で見たら……かあ。

私は迷ってしまった。

帰宅すると、夫のほうが先に家に帰っていた。金曜日の夜は、2人で少しだけリッチな赤ワインを1本あけてお互いの労をねぎらうことにしている。今日はセルビア産のワインを輸入酒店で買ってきてくれた。ラベルには「Regent」と書いてある。

お互いのグラスにワインを注いで乾杯すると、さっそく夫に言った。

「今日、課長に呼び出されて、管理職を目指さないかと言われたの。そのためにまず監督職を数年経験するのはどうか、ですって。でもねえ……」と、私は帰りの電車の中であれこれ考えていたことを、夫に話してみた。

そして最後に「それにさ、引き受けておいて子どもができたら、それこそ大変じゃない？」と言ってみた。

それらをふんふん、と言って聞いていた夫は、

「いいチャンスじゃないか。巡ってきた機会には乗っておいたほうがいいよ。子どもができたらそのとき考えればいいさ。君の両親も近所だからサポートしてくれるだろうし、僕も育児や家事を一緒にやるつもりはあるよ」と、私が昇進を目指すことに対して前向きな返事をした。夫は料理もできるし、家事が苦にならないタイプだ。両親もまだまだ元気で、両立を支援してくれるだろう。

「ということは、わたし次第か……」とつぶやき、ワインを口に含んだ。

「あ、これ、おいしい」その口当たりの良さに思わずそう言うと、夫は嬉しそうに笑った。


週末、たまった家事を片付けながらあれこれ考えていたが、結局考えがまとまらなかった。


月曜日に出社するとすぐに後藤課長に呼び出された。

私は正直に、良好な社内の人間関係に満足しているのに、管理職を目指すことで周りの女性社員から浮いてしまうのではないか、ちゃんと部下をリードできるのか、そもそも女性の自分などが本当に管理職をやれるのか、などが気になり、不安がある、と話した。

すると後藤課長は、

「私としては、女性であることにこだわらず、青木さんらしいリーダーシップでいいと思っているよ。とはいえ、まだまだ男性中心の我が社で、キャリアモデルとなる女性管理職は少な

い。ピンと来ないという君の気持ちもわかるよ」と理解を示してくれた。

「私らしいリーダーシップって言われても……」

私が戸惑っていると、課長はふと思いついたように、こう言った。

「そうだ、森尾さんを紹介しよう。神奈川支社の第2商品管理部課長の女性だよ。いろいろ勉強させてもらえると思うよ」

――神奈川支社の森尾さんかあ。お名前は聞いたことがあるけど、お会いしたことはないな。

月曜日はスポーツジムの日にしている。退社後立ち寄り、サイクリング・エクササイズを終え、ベンチで水分を補給をしていた。

――そうだ、同期のユミちゃんが神奈川支社の商品管理部だったわね。

ユミちゃんとは職場は離れているが、社内イベントなどで再会するたび、おしゃべりに花を咲かせる仲だ。

ジム用のポーチからスマホを取り出し、ＳＮＳアプリのメッセージ機能でユミちゃんに連絡を取った。


〝森尾課長？　そうね、戦わないのに無敵って感じのリーダーね。〟

〝戦わないのに無敵？　なにそれ？〟

〝うまく言えないけど……明るい人だけど、決して声の大きいタイプのリーダーじゃないの。それどころか、ちょっと天然かも、って思っちゃうようなところがあるくらい。なのに、いざってときの一言に説得力があってね。支社長も部長らも、どこか一目置いてる感じよ。〟

〝へえ。森尾課長の下で働いていて、ユミちゃんはやりやすい？〟

〝やりやすいよ。自由にやらせてもらえている。森尾さんも自由な人だしね。〟

〝自由な人なんだ。なんか、そういうのっていいね。〟

〝うん。それにね、森尾課長の下に配属になると、なぜかみんな成長するの。ビシバシ言うタイプじゃないのにね。基本的に「戦わない人」だから。〟


繰り返される「戦わない」という言葉に、私はとても興味を持った。戦わないのに、無敵。そして、彼女のもとではみんなが成長していく。いったいどんな人なのだろう。私は明日の朝、課長に神奈川支社への訪問をお願いしようと決めた。

そして、今夜はもう1セッション、エクササイズをすることにした。帰りが少し遅れるので夫に一言メッセージを送り、ベンチを立った。

枠を超える

「え？　森尾さんは今、1週間のお休みを取っていらっしゃるのですか？」

神奈川支社の訪問は、それから1週間ほど先になった。森尾さんは有給休暇と祝日を組み合わせて10日間の休みを取り、現在海外へ行っているということだった。

私が勤務する本社では、夏季休暇や年末年始でもないのに、管理職がそんなに長いお休みを取るなんてことはあり得なかった。

——神奈川支社って恵まれているわ。

そう私は思った。


面談までの1週間を使って、私は森尾さんに質問したいことをいくつかピックアップしておくことにした。

まず一番最初に聞きたいことは、「リーダーシップとは何であると、森尾さんは思っているか」である。後藤課長は「青木さんらしさを発揮してリーダーシップを」と言ってくれた。しかし、リーダーシップが何かをつかめないかぎり、私の何を発揮すればよいかわからない。

——リーダーシップって何だろう?

改めて、周りの管理職の人たちを観察すると、そこにはリーダーとしての多くのタスクがある気がする。

部下を育成すること、仕事の全体の管理、他部署とのこまごまとした調整、みんなを引っ張っていくことや、評価をしたりすること……。

何か参考になる本はないかしらと、書店をめぐってみた。書棚に並ぶリーダーシップに関する本の多さに圧倒された。試しに棚の中から分厚い書籍を1冊選んで開いてみた。

『リーダーシップチャレンジ』と書かれた黒い本だった。そこには、模範的リーダーの5つの実践指針として、「模範となる・共通のビジョンで鼓舞する・現状を改革する・行動できる環境をつくる・心から励ます」と書かれていた。

「なるほど。そういう切り口もあるのか。これはこれで具体的でわかりやすい……けど、結局、リーダーシップってどういうことなのかしら」

そのあとも、周辺の書籍を開いてその中で定義されているリーダーシップとは何かが書かれている部分を探してみると、多様な切り口でリーダーシップは表現されていた。そしてどれも、わかったようなわからないような感覚に陥った。

本の数だけ、リーダーシップの定義は存在しているように感じた。

――森尾さんは現リーダーなのだし、何かお考えを持っていらっしゃるかも。お会いしたら、まずはこの質問をすることにしよう。

それ以外に、いくつかの質問をメモし、森尾さんと面談する日を待った。

「はじめまして、本社から参りました青木です」

私は打ち合わせルームの椅子から立ち上がり、ちょっと緊張気味にお辞儀をした。

森尾さんは思ったより小柄な、さっぱりしたボブスタイルの髪型が似合う女性だった。年齢は40代半ばで、高校生と中学生のお子さんがいらっしゃると後藤課長から聞いている。

ベージュのスーツに自然な化粧は年齢相応な落ち着きがあり、安心感を与えてくれた。しかし、どこか透明感を感じる女性であることが私には印象的だった。

「はじめまして。あなたが青木さんね。第2商品管理部の森尾です。どうぞよろしくお願いしますね。それと、これ、ささやかだけど、おみやげ。どうぞ」と、森尾さんは会うなり私に小さな紙袋を差し出した。

中を開けるとサテンの布地に綺麗な刺繍が入ったかわいらしいポーチだった。ジムに行ったときに、スマホやヘアゴムを入れておくのによさそうだ。

「わあ、かわいい。どうもありがとうございます。そういえば海外に行っていらっしゃったと伺いました」

「そうなの。ベトナムに行っていたのよ。あの国は今、高度成長期で大変な活気ね。とても刺激的だったわよ」

「そうなんですね。それにしても、夏休みでもないのに、10日間もお休みを取れるなんてうらやましい。本社じゃあり得ないです」

私は森尾さんの親しみやすさに安心し、初対面にもかかわらず、つい本音を漏らしてしまった。

森尾さんは言った。

「そうねえ、そう見えるかもしれないわね。でもね、大事なことは自分が本当にやろう、と思うだけよ。それはできないものだ、という思い込みの枠にとらわれずにね」

果たしてそれは思い込みなのだろうか、と私は思った。

以前、神奈川支社の男性社員と結婚した後輩女性が、夫が忙しくてしばらく新婚旅行に行けそうもないと言っていたことを思い出した。神奈川支社も本社と同じく、自由に休みを取れるような雰囲気ではないはずだ。

「森尾さんは自由人だから」と、メッセージを送ってきた同期のユミちゃんの言葉を思い出した。文字だったからわからなかったが、ユミちゃんは森尾さんの自由さに、少々あきれた気持ちであの言葉を打ったのかもしれない。


森尾さんのほうから今回の訪問の本題を切り出してくれた。

「後藤課長からお電話をもらったわ。青木さんのことを管理職候補として期待しているのだけど、本人には迷いや不安があるようだから、ぜひ話を聞いてやってほしい、ということだったわよ」

「そうなんです。どう考えて決めたらいいかわからなくて……」

そう答えると、私は用意した質問のことをすっかり忘れ、内側に抱えている自分の不安や迷いを一気に話しはじめてしまった。

部下を引っ張っていく自信がないこと、周りから浮くのが嫌なこと……。しかし、一部の女性先輩課長の中に「あんなふうになりたくない」と思う人たちがいる、ということは、伏せておいた。

森尾さんは余計な言葉を挟まず、「なるほど」「わかるわあ」などあいづちを挟みながら、ただゆっくりと耳を傾けてくれた。


そして、一通り私が自分の想いを吐き出しきったのを確認すると、ゆっくりとこう言った。

「未知なことは誰でも怖いわね。今までいた自分の枠を超えるのだものね。自分の枠を超えるとき、人は葛藤ゾーンという部分を通るものなの。ちょうど今の青木さんのように、まだ現実に何も直面していないのに、様々な不安が群れを成して襲ってくるゾーンね」

枠、という言葉が、また森尾さんから出た。

「そうです、確かに、その葛藤ゾーンです。先日声をかけてもらってから、不安ばっかり浮かんじゃって。きっと私は、自分の枠の中で安住したいのかもしれません」

「そうなのね。でも、葛藤しながらも、私に会いに来る行動まで起こしているってことは、心のどこかに自分の枠の外へ出てみたい本音もあるってことかしら？」

私は小さくドキリとした。確かにそうだ。このままでいいのだけど、本当にこのままでいいのだろうか。そんな迷いの中にいるのだ。

でも、怖いのだ。自分の枠の外へ出るのは。

複雑な表情を浮かべている私を見て、森尾さんはこう続けた。

「枠の中は、安全に見えるものね。知っていることや予測可能なことが詰まっている。でもね、枠の中に長居をすると、退屈だったり、気持ちの張りを失ったりする可能性もあるわね。それに、そこはかとない将来への不安にかられたりもするのよねえ」

「はい、確かに……。でも、やはり正直怖いんです。新しいことに挑戦するのは」

と、私は素直に自分の気持ちを告げた。

すると、優しい目で、

「そうね、怖いのね」と答えてくれた。気持ちを受け止めてもらい、私は泣きたいような、わずかな胸の熱さを覚えた。

森尾さんはこう続けた。

「ただ、その葛藤ゾーンを抜けると、枠を超えて見たこともない未知の世界へ飛び出せるのだけどね。枠の外ってね……おもしろいのよ、本当は」

そう言うと、森尾さんはどこかいたずらっぽく笑った。

彼女が言うと、枠の外、という言葉がちらりと魅力的なものに聞こえた。彼女のワクワクした気持ちが伝わったのだろうか。

思わず、

「ワクワクしたことは、枠の外にある……という感じですね」というと、森尾さんは思いがけず軽やかな笑い声をあげた。

「あはは！　そうそう、ワクワクは枠の外に、よ」

その素直な笑い方に私もつられて笑ってしまった。私より10歳以上も年上なのに、森尾さんがとてもかわいらしく感じた。

私の気持ちが少し軽くなってきた。

リーダーシップって何？

「大切なお時間をいただいているのに、愚痴を聞いてもらって申し訳ありません。実は森尾さんにお会いする準備としていくつか質問を用意してきたんです」

気持ちが少し軽くなった私は、本来の目的を思い出してノートを開き、最初にメモをした質問を森尾さんに投げた。

「まず、最初の質問です。そもそもリーダーシップとは何なのでしょうか。本を調べても、周りのリーダーたちを見ていても、よくわからなくて。森尾さんは、リーダーシップをどのように捉えているのか聞かせてください」

森尾さんは迷いなくこう答えた。

「リーダーシップとは、つまり、影響力です」

「影響力……」

「そう。影響力。リーダーシップの定義っていろいろあるけど、結局は2人以上の人が存在するときにそこに起きる影響の与え合いのことじゃないかな、と私は思っているの」

「なるほど。私はリーダーシップとは、部下に何か行動が起こるように仕向ける具体的な行動のようなものだと思っていました」

読み漁った書籍で得た、稚拙な自分の解釈を伝えた。

「影響の結果として、相手の行動は引き起こされます。こうやって青木さんと話していると き、確かに私のほうが役職は上ではあるけど、私は青木さんの影響を少なからず受けて、お会いした瞬間からすでにいろんな行動を引き出されているのよ。つまり、私は青木さんのリーダーシップを感じているということになるの」

「ということは、肩書や立場にかかわらず、すべての人がリーダーシップを発揮しているということですか？」

「そう。新入社員でも派遣やパートタイマーの方でも、必ず周りに影響を与えている」

「何をするか、じゃないのですね」

「何をするかではなく、どうあるか、ということかしら。リーダーシップとは、Doingではなく、Being、ただそこに居るだけで発してしまう、その人の存在感とか、その人に宿る雰囲気というか、つまり、在り方なのだと私は思っています」

あ、と私は思った。

そういえば……私は打ち合わせスペースに現れた森尾さんを目の前にした瞬間から、自分の中の素直な気持ちを見つめはじめていた。書き溜めた質問ノートを広げるより先に、まだお会いして間もない先輩の前でぼろぼろと本音の不安がこぼれ出てしまった。

さらに、森尾さんの何気ない一言で、大きな不安がすっと消え、何とかなるような気がしてきている。

これが、森尾さんの影響力、「在り方」というものか。

「在り方……。森尾さん、私、在り方としてのリーダーシップについてもっと学びたいと思います。リーダーを引き受けるなら多くのスキルを身につけなくてはいけないと思っていました。でも、在り方を磨くことはそれよりずっと大切なことのような気がします」

そんな言葉が飛び出した。

「まず、その在り方を磨くためには何をしたらいいですか？」

「一番大切なことは」

しばし間を置いて、森尾さんはゆっくりとこう言った。

「自分の影響力の起点をちゃんと自覚することですよ」

「影響力の起点……？」

そのとき、

「失礼します」と、打ち合わせルームに同期のユミちゃんが顔を出した。

「本社の青木さんが来訪しているというので、ご挨拶だけさせてください」

森尾さんはぱっと笑顔になって、ユミちゃんと私を見た。

「そうそう、あなたたちは同期だそうね！　同期同士の情報交換は大事よ。私はコーヒーを入れてきてあげるから、2人でおしゃべりしていたらどうかしら」

と言って、席を立った。

楽しそうに去っていく森尾さんを見送ってから、ユミちゃんの顔を見ると、何か雰囲気が違っていた。眼鏡のよく似合う落ち着いた彼女ではあるが、どこか普段よりはつらつと健康的な雰囲気が漂っている。

「あれ？　なんか雰囲気変わった気がする」

そしてハッとした。

「もしかして、日焼けした？」

「わかる？　そうなの。実は森尾さんがベトナムに行く前の週に、私も5日間セブ島へ旅行に行ってたのよ。強めの日焼け止めクリームを塗ったりして気をつけていたんだけれど、海外は紫外線が強いから、焼けちゃったわ。失敗、失敗」

なんと、ユミちゃんまでこの時期に長期休暇を取っていた。

「セブ島に5日間！　よく会社を休めたね」

私は本当に驚いてしまった。

「本社の人から見たら、そう思うかもしれないわね。実は、神奈川支社の第2商品管理部は、わりと長い休みを取りやすいのよ。それもこれも、森尾さんのおかげなの。彼女が課長になってから、いい仕事をしたければ、仕事ばかりではなく、プライベートの時間をきちんと取って、意識的に自分の知見を広げる行動を取らないとだめよ、と言って、仕事のやり方をいろいろ変えてくれたの。そして、自ら先陣を切って長期休みを申請しはじめたの」

我が社では女性の管理職はただでさえ目立つ。そのうえで、そんな先進的な部署内の変革を行って、森尾さんは後ろ指をさされたりしなかったのだろうか。

「他の部署の人や、部長はいい顔しなかったでしょ」

「文句を言う筋合いがないの。だって、誰かが長期で休んでもちゃんと仕事が回る仕組みを、森尾さんの指揮で部署のみんなで考えたのだもの。半年くらいかけて、抱え込み作業のマニュアル化や、不要なタスクの排除をしたりしてね。そしてとうとう、誰にも迷惑をかけない形で実現することができたの」

そんな画期的なことが行われていたなんて話は、本社には入ってきていない。

「森尾さん、すごいなあ」

本当にやりたいと思うかどうかなのよ、という森尾さんの言葉を思い出した。

「それにね、森尾さんが最初に休みを取るとき、こう言っていたの。『上司の自分が最初に休めばみんなも休みやすいでしょ。私を見て、こういうのもありか、って思ってくれたらいいな』ってね。そしていきなり10日間の休みを取っちゃったの」

これが、自分の影響力を自覚した動きというものなのかもしれない。

「管理職が10日間もいなくなることは初めてだったから、最初は多少ごたつくこともあったけど、今は、もう誰かが急に休んでもちゃんと回る職場ができあがったわ。多少忙しくても、みんな心に余裕ができたからか、部署内がギスギスすることがなくなったの」

ユミちゃんはさらに驚くようなことを話した。

「ついには、あの石田部長も海外で開催されるマラソン大会に出るために、来月１週間会社を休むんですって。こうやって、ここ数年でどんどん支社の雰囲気が変わりつつあるのよね」

石田部長は以前本社勤務だったので、その堅物ぶりをよく知っていた。

「へえ、石田部長まで！　すごいなあ、森尾さんの影響力は」

「そう、人が思い込みや習慣にしばられていたことを思い出させてくれる人って感じよ。直接なにか説得するわけでもないのにね」

「きっと発想が自由なのね、森尾さんは」

「そう、ほら、森尾さんは自由人だって、私は以前メッセージで書いたでしょ」

やっとわかった。

ユミちゃんは尊敬の念を持って、森尾さんを「自由人」と表現したのだった。

解説　リーダーシップにおける水平的発達と垂直的発達

皆さんは、「成人発達理論」という言葉を耳にしたことがあるでしょうか。成人発達理論とは、私たち成人が一生涯をかけて発達していくプロセスとメカニズムを探究する学問領域です。

この成人発達理論は、現在日本の企業社会において徐々に注目を集めています。とりわけ、ハーバード大学教育大学院教授ロバート・キーガンとボストンカレッジ経営大学院教授ビル・トーバートは、リーダーシップに関する発達現象を研究していることで有名です。彼らの発達理論をもとに、リーダーシップに潜む2つの発達現象について簡単に紹介しましょう。

1つめは、「水平的発達」と呼ばれる現象です。

本文の中で、主人公の青木さんは、リーダーには多様なタスクが求められることを指摘しています。例えば、リーダーには、意思決定をすることや部下をマネジメントすることが求められます。こうしたタスクと紐付いているのは、まさに「何をするか」という〝doing〟としてのリーダーシップの発揮のされ方です。

リーダーにとって、doingとしての様々な能力を養っていくことは非常に大切です。より視野の広く、精度の高い意思決定を行える能力や、リーダーとして問題解決に当たる能力などは、リーダーとして間違いなく求められる資質だと言えるでしょう。

こうした、リーダーが発揮する種々の個別具体的な能力の種類が増加していくことを、「リーダーシップの水平的発達」と呼びます。

しかし、優れたリーダーシップを発揮する際に、個別具体的なスキルの数やリーダーシップに関する知識を増やすだけでは十分ではありません。

そこで重要になってくるのが、「垂直的発達」という考え方です。ロバート・キーガンと並んで有名な研究者に、元ハーバード大学教育大学院教授カート・フィッシャーがいます。フィッシャーの研究の大きな貢献は、私たちのスキルというのは、単純に種類が拡大されていくのではなく、スキルには深さ（次元）が存在するということを明らかにしたことです。

上記の例を用いれば、リーダーが発揮する意思決定能力を調査してみると、そこには質的な差異、つまり能力の次元が存在していることが明らかになったのです。

私たちが発揮する諸々の能力は、単に水平的な拡張をするだけではなく、能力の次元がより高度になるという、垂直的な発達を遂げていくものなのです。

最後に、本文の中で森尾さんが述べている、「リーダーとしてのあり方（Being）」というのは、まさに垂直的な発達をする現象です。

あり方というのは、よく「人間としての器」に喩えられることがあります。「あの人の器は大きい」という言葉の裏には、単に人間としての度量の幅のことを指しているわけではなく、器の深さも指しています。

森尾さんの言葉で言う「影響力」というのは、リーダーの器の深さと密接に関係したものであり、水平的な発達を遂げるというよりも、まさに垂直的な発達を遂げる現象だと言えるでしょう。

コアリーダーとエゴリーダー、そして影響力の起点

しばらくすると、紙コップに入ったコーヒーを3つトレーに載せて、森尾さんが戻ってきた。

「わあ、2人で盛り上がっているわね。楽しそうっ！　はい、コーヒー」

その明るい声がぱっと場を照らした。

そういえば、上司である森尾さんにコーヒーを運ばせてしまったことに今、気がついた。

森尾さんは年上なのにどこか無邪気で、距離を感じさせないところがある。

「恐れ入ります。いただきます」

森尾さんが渡してくれたコーヒーを両手で受け取り、丁寧に机に置いた。

「はい、盛り上がっていました。2人で話しているうちに、リーダーシップとは影響力だ、とおっしゃった意味がちょっとわかってきたような気がしました」と私は伝えた。

すると、ユミちゃんが口を挟んだ。

「リーダーシップとは影響力？　いつも森尾さんは、自分の影響力に自覚的になりなさい、と私たちにおっしゃってくれていますが、その影響力の話ですか？」

森尾さんはそれを聞いて、ほほ笑んだ。

「そう。その影響力よ。いい機会だから、もう少し詳しく話すわね」

森尾さんは私たちと一緒にミーティングテーブルに腰を掛け、コーヒーを一口飲んだ。

「さて……、自分が発している影響力というものは、自分の外で起きていることを自分がどのように認識しているかで決まるの。その認識から自分の行動が選択され、それが周りへ何かしらのインパクトを与えるからよ。さらに、もう少し厳密に言うと、実は行動を選択する前から、つまり、自分の外界を意味づけし判断している瞬間から、影響力は発信されているのよ」

森尾さんは一気に話した。

私は少々意味がわからず、質問をした。ユミちゃんも、きょとんとしていた。

「外界を意味づけし判断している瞬間、とはどういう意味ですか？」

「ちょっとわかりにくかったかな。えっとね、私たちは、目の前で起きていることに対してあるがままに受け取ることはなかなかできないものなのよ」

「あるがままに受け取ることはできない？」

「そう。誰もが、外側で起きている事実を捉えるとき、心のレンズを通すの。それは自分なりの価値観やそのときの状況などからできていて、そのレンズで無意識に意味づけをして、判断するの」

「心のレンズを通した無意識の意味づけ、ですか」

「そう。もう少し説明するわね」と言って、森尾さんはさらに解説を重ねた。

「たとえば、先輩や上司である私に報告や相談が少なく、自らの考えで業務を遂行する新入社員がいたとするわね。

もし、自分が上司には細やかに報告や相談をするべきだという価値観の心のレンズを持っていたら、彼の行為は身勝手で腹立たしく感じ、その腹立たしさから何か行動を起こすでしょう。注意を促すとか、不機嫌になるとか。

逆に、もし自分が、自立した仕事を良しとする価値観のレンズを持っていたなら、彼の行動は自分の頭でモノを考えて主体的に動ける頼もしい人材であると感じ、賞賛すらするでしょうね。

しかし、本来は自立的な動きを肯定する価値観を持っていても、自分が失敗を許されない大きなプロジェクトを抱えることになれば、そのときの心のレンズは、彼の報告や相談の少なさや、自己判断で仕事を進める姿をリスクであるというふうに見せ、メンバーには加えないかもしれない。

このように、私たちは外界で起きている事実をあるがままに捉えることはできず、自分自身の価値観や状況に影響を受けた意味づけを無意識に行い、そこから判断を下すものなのよね」

「なんとなく……わかってきました。自分の価値観や状況などという心のレンズを通して認識が生み出され、私たちはそれをもとに判断をしている、ということですね」

「そう。しかも、その判断を行動につなげる前から、つまり、外界を認識し判断した瞬間から、影響力は発揮されはじめるものなの。何も行動を起こさず黙って座っていたとしても、周りの人はその人が何をどう認識し判断しているか、ということを無意識に察知し、反応しちゃうのよね」

「黙って座っていたとしても、ですか。確かにその人の雰囲気やムード、気配のようなものに私たちは影響を受けますね。相手が立場の高い人や先輩であればなおさら敏感になり、影響も受けやすくなる気がします。影響力の起点に自覚的でないといけないとおっしゃったのは、つまり、自分が外界をどう認識し判断しているかということを、ちゃんと自分で自覚していることが大切だ、ということですか？」

「そうなの。自分が外界をどう見ているかについて、自覚的でいること。それが無自覚であればあるほど、エゴリーダーとなってしまうと私は思っているわ」

「エゴリーダー？」

「エゴリーダー？」

私とユミちゃんは、声をそろえて言った。

次々と飛び出す耳慣れない言葉に少々戸惑いつつ、ノートに『エゴリーダー』とメモをした。

「エゴリーダー、という言葉は、私も今初めて伺いました。どういう意味ですか？」と、ユミちゃんは尋ねた。

「エゴリーダー。そして、コアリーダーというのもあるわ。うふふ、なんとなく語呂がいいでしょう。

これらは、私の心の中で、1つの物差しとして活用している言葉なので、日ごろはあまり人に話すことはないわね。だから、ユミさんもあまり聞いたことがないかもしれない。ちょっと、説明するわね」

先ほどノートに書いたエゴリーダーという言葉の横に『コアリーダー』という言葉を書き加え、森尾さんの解説を待った。

「エゴリーダーとは、自分のエゴイスティックな部分を起点に、人への影響力を発してしまうことを言うの。エゴリード、と言ったほうが正確かしら。その反対が、コアリーダー。エゴイスティックな部分ではなく、もっと自分の想いの核となる純粋な願いを起点に影響力を発揮することです。コアリードしている、と表現できるわね。どれも私の造語だけれど」

「エゴリーダーと、コアリーダー……」

「そう。私は自分自身がコアな願いを起点に周りをリードできるコアリーダーでいたいと心がけているの。そのために、自分自身が目の前に起きていることをどのように認識し判断しているかについて、無自覚にならないよう普段から気をつけるようにしているの」

「それに無自覚なとき、人は自分のエゴから周りに影響力を発してしまうものなのですか？」

私は尋ねた。

「そうなりがちだ、と私は感じている。エゴの正体は保身なのよ。保身は、生命維持のためには本能的に必要なものよ。でも、それが強すぎると偏見や思い込みを強化してしまい、人は事実をありのままに見ることがなかなかできなくなっちゃうの。その結果、判断や行動はその場に不適切なものになることが多いのよね。だから、自分がちゃんとまっすぐ目の前の事実を見ることができているか、気をつけているわ」

「では、目の前で起きている事実をどう見ているかにちゃんと自覚的になれば、コアからの影響力を発揮できるのですか?」

「必ずしもそうとは言えないわ。理由は2つ。まず、そもそも自分に保身があるって事実に向き合うことすら、人にとっては難しいものなの。自己欺瞞しちゃう。これが結構やっかいよね」

「自己欺瞞……って何ですか?」

「自分で自分を騙しちゃうこと。誰でも、自分が何か保身のある弱い人間だって認めるのは嫌なものじゃない? だから本当は保身があることを薄々気がついていたとしても、それに向き合わずに適当な正論を持ってきて、本当の気持ちをすり替えて自分のエゴイスティックな起点にフタをしちゃうの。私は正しいことをしているだけだ、ってね」

「なるほど……。じゃ、もう1つの理由はなんですか?」

「もう1つはね、自分が保身から動こうとしていることに気がついたとしても、じゃ、保身からではなく、どこから判断し選択をすればいいのか、つまり自分の本当の願いは何なのかがわからないこと。普段からそういうことを意識して生きていられたらいいんだけど、多忙な毎日で普通はあまり考えない場合が多いわよね」

自分自身の起点を認識するというのは、なかなか一筋縄ではいかないようだ。

「簡単ではなさそうですね」

「そうかもしれないわね。でも、自分の影響力の起点に自覚的になれば、つまり、事実をどう認識し判断しているかに真に自覚的になれば、自分の保身が的確な判断を阻害していることにも気がつきやすくなるの。まずは、それが本当に大事」

少し深い話になり、私はすぐに理解ができず、うーん、と考え込んでしまった。しかし、森尾さんはそのまま話し続けた。

「それにね、自分の保身に気がつき、その保身と向き合うプロセスが、自分の本当のコアな願いを認識できるようになる道そのものだったりもするの。そうして、自分の本当の願いが明確になり、そこに立脚できたとき、コアからリーダーシップを発揮するコアリーダーになる、と私は考えているの」

森尾さんの言うことの半分も理解できなかった。何をどう質問したらいいかさえ、わからなかった。

しかし穏やかな口調ながらも、確信に満ちた森尾さんの言葉はどこか迫力があり、リーダーシップについての貴重な意見に触れていることを感じた。

「エゴリーダー、そして、コアリーダー……」ノートに書いたその2つの言葉に下線を強く引きながら、私は心の中でその2つの言葉を繰り返し、頭に刻みつけた。

ふとユミちゃんを見ると、私と同じように黙りこくっていた。

しかし、私と違い、何かを思い出しながら僅かにうなずき、深く納得しているような様子だった。

腹が据わったコアリーダー

「お打ち合わせ中大変恐れ入ります。森尾課長、石田部長が至急来てほしいとお呼びです」

若い女性社員がブースに現れ、森尾課長にそう声をかけた。

「あら、もう少しあとじゃだめかしら」

「至急、至急、と連呼されていましたが……」

彼女は少し困った顔で答えた。


今度海外のマラソン大会に行くということで、石田部長も少しは変わってきたのかと思ったが、せっかちな仕事のやり方は相変わらずのようだ。

彼が本社に勤務していたころ、半年ほど社内の業務改善プロジェクトチームに所属していたことがある。そのチームリーダーが石田部長だった。

石田部長は、プロジェクトがちょっと計画どおりに進まなくなったり、社内の改善反対勢力に、ささいなクレームを受けたりすると、すぐにチーム全員を集めてミーティングを行った。

そのとき、チームメンバーに流される召集のための一斉メールの件名は、いつも「至急」の

2文字だった。その至急、という文字に漂う緊張感に慌てて目の前の業務を放り出してミーティングルームへ飛んで行くのだが、さほど深刻なことでもない場合が多かった。

「石田部長の至急、久しぶりに聞きました。懐かしいです」と言うと、森尾さんはころころと笑って、

「あら、本社でも石田部長の至急呼び出しは有名なのねえ。さあて、今月の発注数と在庫数が合わなかったのかしら。ごめんなさいね、せっかく来てくれているのに。すぐに戻れると思うけど、ちょっと待っていてね」と、席を立って行った。

森尾さんが去った椅子には、さわやかな気配が残った。

「その人の人柄ってさ、去った後に残り香みたいに残るよね」

私の気持ちを読んだかのようにユミちゃんが言った。

「うまいこと言うね。でもさ、森尾さんは余裕の表情で部長の呼び出しを受けていたけど、発注数と在庫数が合わないって、商品管理部としてはちょっとやばいんじゃないの？　森尾さんは長期休み明けでもあるから、監督不行き届きと言われる恐れもあるし、これで本当に数が合わないなら始末書ものでしょ」

するとユミちゃんは、

「まだわかんないことに対して慌てないの、森尾さんって。未知なことへの耐久性が高いのよ」と答えた。

「未知なことへの耐久性が高い？」

「そう。森尾さんを見ていると、まだ起きていないことをあれこれ想い悩むということが本当に少ないのよ。未知なことに振り回されない。腹が据わっているなあって思っちゃう」

そこで、はたと思い当たった。

「そうそう、初めてお会いした瞬間から感じた、森尾さんへの安心感は、その腹の据わった感じ、というやつだわ。小柄な女性なのに、何でこんなにどっしりと安心感がある方なのだろうと思ったけど、私が感じたあの雰囲気は、そういう起点からの影響力なのね」

起点と影響力の関係がだんだんわかってきた気がする。

「森尾さんがあの調子で慌てず対応してくれるから、彼女が課長に就任してからは、私たち部下は石田部長の『至急』に右往左往させられることがとても減ったのよ。そういう起点の人は周りを落ち着かせ、冷静にさせる影響力を発揮するのね」

ユミちゃんは、なかなか鋭い観察眼を持っている。人や状況をよく見て分析している。

「なるほど、未知なることへの耐久性が高い、かあ。でもさ、人って、未知なることに対して心配したり、慌てたりするものじゃない、森尾さんは、なぜ落ち着いていられるのかしら」

その秘訣が知りたくなった。

「なんでかしらね。そういえば、森尾さんの口癖があるわ。『やってみないとわからない』『聴いてみないとわからない』、それから、えーっと、あ、思い出した。『扉の前で悩まない』、だ。人は次の扉を開こうとするとき、ドアノブに手をかけもせず、この鍵がかかっていたらどうしようとか、扉の向こうに怖いものがいたらどうしよう、なんて、あれこれ思い悩んでいたりする、と。悩むなら、開いてから悩みましょうって」

「なるほど！　わかりやすい比喩ね」

日常生活の出来事をあれこれ思い出して、そう言った。

とは言うものの、と思い、ユミちゃんにこう聞いた。

「でもさ、扉を開けて、本当に怖いものがいたら？」

「そこで怖がればいい、と。開ける前から怖がらないこと、と」

それもそうだ。

「じゃ、扉に鍵がかかっていたら？」

「世の中のたいていの扉には、鍵はかかっていないものよ、って言ってた」

確かに、だめもとで体当たりしたらあっさりＯＫだった、という体験はよくある。

「でもさ、もし、本当に鍵がかかっていたらどうするの？」

「だから、そのとき考えればいいだけだってさ。とにかく、実行する前から悩まない、あきらめないこと、と」

ふうむ、と私は感嘆のため息をついた。

「なんか、軽やかだなぁ」

「そうね、軽やかよね」

安心感と無邪気さに加え、腹が据わっているのに、軽やか。それが森尾さんの発揮しているリーダーシップの質感だ。

その包容力と人当たりの柔らかさの一方で、一本筋の通った彼女の信念も感じ、頼もしい。

森尾さんは、自分のコアからリーダーシップを発揮するよう意識していると言ったが、これがコアリード、なのか。

「戦わないのに無敵のリーダーシップかぁ。ユミちゃんって、本当にうまいこと言うね」

人としての成熟と、自分らしいリーダーシップ

「ところでさ、自分らしいリーダーシップってどういう意味だと思う？」

久しぶりにユミちゃんと会い、彼女の観察眼の鋭さを思い出した私は、森尾さんに聞きたい質問をユミちゃんに投げてみた。

「え？　唐突に、どうしたの？」

「実は、上司から管理職を目指さないか、と打診を受けているの。でもさ、自信がないと言ったら、森尾さんを紹介されて今日お話を聞かせていただいているのよ」

「そういうことだったのね」

「上司からは、女性リーダーであることを意識しすぎる必要はない、自分らしくやればいい、と言われたの。でも、そもそも自分らしいリーダーシップって何だろうと思って、あとで森尾さんに聞こうと思っていてね。その前に、ユミちゃんに聞いてみたくなった」

「自分らしくかぁ。何だろうね。周りを気にせず、マイペースにという意味かしら」

「でもさ、自分の与えられた範囲で、自由に裁量権を持って動ける専門職や営業職ならともかく、組織の中のリーダーがマイペースっていうのはどうなんだろう？」

「そうよね。じゃ、人のまねをするのではなく、自分が信じたやり方でみんなをまとめていけばいいってことかな？」

「自分が信じたやり方で……。それで人はついて来てくれるのかしら？」

「その人が何を信じているか、次第かなぁ」と言って、ユミちゃんも一緒に考え込んだ。

しばし沈黙が続いたが、ふと壁の時計を見上げ、ユミちゃんは慌ててこう言った。

「あ、ごめん！　私、そろそろ部署に戻らなくては」

「そうなのね。顔を出してくれてありがとう。おかげで貴重な気づきがたくさんあったわ」と言った。

ユミちゃんはにっこり笑い、

「お役に立ててなにより」と答えた。

そして自分の眼鏡に手を当てて私の顔をまっすぐ見て、

「ね、管理職、目指してみたら？　私、応援するよ」と言った。

「ユミちゃんにそう言われると嬉しいな。ありがとう。最初は気が引けていたけど、森尾さんやユミちゃんと話していて、ちょっと前向きな気持ちになってきたわ」

「またいつでもメールちょうだいね。話なら聴くよ」

そう言って、ユミちゃんは去って行った。

それからしばらく1人になった。

誰もいない面談ブースの机の前で、ノートに書いたメモを見直しながらこうつぶやいた。

「人のまねをするのではなく、自分が信じたやり方でかぁ」

とはいえ、私はいったい何を信じているのだろうか？

「おまたせ。あら、ユミさんは部署に戻ったのね。そろそろ受注伝票が届くころだものね」

森尾さんが戻ってきた。

「石田部長、大丈夫でしたか？」

「ええ、ちょっと在庫数にずれがあったのだけど、来月分の予約発注分と混同していたみたいね。結局なんの問題もなかったわ」

先ほど席を立って去ったときと同じ落ち着きのあるさわやかさで、森尾さんは言った。

「石田部長は、いつも何かと大騒ぎしますね」

「そうねえ、不測の事態が起きると、つい慌てちゃうところがおありになるみたいね。だからこそ、慎重でミスのないお仕事ぶりを発揮されるから、私は信頼させていただいているわ」

役職は石田部長のほうが上だが、森尾さんのほうが精神的な成熟度が高く、大人な気がした。

「あの、失礼なことを言ってもいいですか？　森尾さんって、大人だなあって思ってしまいます。人としての器が大きいというか」

「あら、それはうれしい。どうもありがとう」

舞い上がるでもなく、謙遜するでもなく、森尾さんのほめ言葉の受け取り方は気持ちがいい。

「森尾さんは昔から、そういう感じだったのですか？　私みたいにあれこれ起きてもいないことを心配したり、慌てふためくことってあるのですか？」

森尾さんはにっこり笑って言った。

「もちろん！　若いころの私は本当に慌てんぼうで、心配性だったのよ。それに、なんでもきちんとしなくてはいけない、って完璧主義なところもあったので、ちょっとしたことで焦ったりもしたわ」

「森尾さんのそういう姿って、あまり想像できません」

と、少々驚いて私は言った。

「そうねえ……。心配でたまらないこととか、突発的な出来事に焦るということは今もあるのだけど、どこかで、そういう自分を客観的に観察している余裕は持てるようになったかな」

「観察している？」

「そう。心配や焦りはあるけど、それに飲み込まれていない感じね」

いろんな感情に振り回されがちな私は、その一言に憧れた。そして、そのこととリーダーシップは何か大事なつながりがあるような気がした。

まだノートにはいくつか質問したいことが残っていたが、それより先に聞いてみたくなった。

「森尾さん、それ、なんかすごくオトナの女性発言って感じで、素敵です。人間的に成熟した感じ、というか……」

「オトナ？　まあ、確かに年齢的には十分大人だけどね」

と、森尾さんは笑った。

「私自身が成熟した人間かどうかというと、まだまだ未熟さをよく感じるけど、慌てんぼうで心配性だった若いころと何が変わったのかと言われたら、かなり視野が広くなったとは思うわ。昔よりずっと多角的な視点で物事を判断することができるようになっているから、あまり心配や焦りにとらわれなくなったのかもしれない。

……つまり、もしかしたら、人間的成熟って、視野の広さと関係しているかもしれないわね」

「視野、ですか」

「そう。視野が広いと心配や焦りと距離を取りやすくなって、客観性が増すのかもね」

森尾さんの「未知なるものへの耐久性の高さ」の秘訣を少し理解できた気がした。心配や恐れがなくなるわけではなく、視野の広さからそれをそのままにしておける度量が増したということなのかもしれない。

「森尾さん、そのお話から、良いリーダーになるための方法の１つとして、視野を広くするということがとても大切だと感じました。では、自分の視野を広げるためにどうしたらいいですか?」

良いリーダーになりたくて質問したのではなく、森尾さんのような人間的に成熟した女性になりたくて、私は聞いた。

森尾さんは少し考えて、こう答えた。

「2つ、あるかな。まず、いつも自分の状態を観察すること。起点を見ること、ね」

そして続けた。

「そしてそのうえで、一つ一つ、丁寧に枠の外の体験を積むことよ」

「体験、ですか?」

「そう。視野の広さとは、知識ではないから」

「視野は知識ではない?」

「そう。ただ知っているだけ、と、体験したことがある、には大きな差があるからね」

「そうなんですか?」

「ほら、例えて言えば……、パクチーがどういう味なのかをネットの情報で知ることと、実際食べてみることと、どちらがよりパクチーの味を理解できるか、って感じかしら」

「わかりやすい! なるほど。その差はかなり大きいですね」

「そう。人生において、体験というものは本当に大事なものだと思っているわ。そして、今の青木さんは、まさに枠を超える体験の目の前にいるんでしょうね。怖いかもしれないけど、枠を超えること、そこから学ぶことは、本当に多いのよ。自分の状態を観察しながら、起点を意識しながら、枠の外の体験を積む。それが人生全体の視野を大きく広げ、人間的に成熟させてくれるわ」

森尾さんは、私の目をまっすぐ見て、そう言ってくれた。

「さて、青木さん。ごめんなさいね、そろそろ私も戻らなくてはいけない時間になってしまったわ」

あっという間に、約束の時間が迫っていた。

「ありがとうございます。では、最後に1つだけ教えてください」

「どうぞ」

「後藤課長には、自分らしくリーダーをやればいいと言われました。でも、自分らしいって何だろうと思って。自分勝手とは違いますよね？」今日一番質問したかったことだ。

すると、森尾さんは一気に答えた。

「自分勝手、とは、エゴイスティックなことよね。それだとエゴリーダーになっちゃうわね。後藤課長がおっしゃる自分らしいリーダーシップとは、まさに、自分が信じるコアな願いからリーダーシップを発揮する存在になりなさいってことだと思うわ」

「コアリーダー、ですね。……でも私は自分の信念やコアな願いなんて、よくわかりません」

それがないと、リーダーなんて引き受けられないのだろうか。私の願いは、ただみんなと仲良く仕事をしたいだけなのだ。そんなものは信念と呼べるほどのものでもない気がする。

やはり、私にリーダーなんて無理なんじゃないか、と、また気が遠くなった。

「青木さん、焦らなくて大丈夫よ。それは、やはり体験を通して何度も検証され、青木さん自身から徐々に漉《こ》し出されていくものよ」

「体験から漉し出されるのが、コアな願いなのですか?」

「そう。体験というプロセスがあるからこそ、より多くの人に影響を与えられるリーダーになるの。決して急いだり焦ったりしなくていいわ。先ほども言ったように、そのプロセスの一つ一つを、丁寧に歩むことが非常に大切よ」

「プロセス、ですね」

「そう。まだ、いろいろお話をしてあげたいのだけど、また改めてお時間をつくりましょうね」

森尾さんはゆっくりと椅子から立ち上がった。

私も慌てて立ち上がり、森尾さんに深く頭を下げた。

「本当に今日はありがとうございます。とてもたくさんの貴重なお話を伺えたと思っています。なにより、森尾さんにお会いできたことが大きな収穫でした。あ、お土産もありがとうございます」と、紙袋に入ったサテンのポーチを握りしめた。

「青木さん、人の話を聞こうとしたり、リーダーシップの本を読んだりするあなたのその探求心や学習欲は、とても大切だと思うわ。体験がなにより大切だけど、体験は言語化を通して知恵になる。知識は言語化をサポートするからね」

森尾さんはにっこり笑って、肩をぽんとたたいてくれた。

解説　俯瞰力とリーダーとしての成熟について

本文の中で、青木さんと森尾さんは、リーダーとしての成熟について非常に大切なことを取り上げていました。

それは「俯瞰力」というものです。2人の会話の中では、特に俯瞰力を「視野の拡大」と「感情の客体化」という2つの観点から取り上げていました。

まず1つめの視野の拡大について、成人発達理論の多くの研究結果は、私たちが人間としての成熟を遂げていく際に、視野が拡大していく現象を明らかにしています。

例えば、本文の中でも出てきたように、自分にしか視点が取れない発達段階というものが存在します。それはまさに、本文中の言葉を用いれば、エゴリーダーの発達段階だといえるでしょう。

この段階では、他者がどのように物事を捉えているのか、何を感じているのかに視点を取ることができません。この段階のリーダーは、自分の欲求や願望にとらわれる形で、自分にしか視点を当てることができないのです。

そこからリーダーとしての成熟を徐々に遂げていけば、自分だけではなく、自分を取り巻く他者の視点を取ることができるようになってきます。

このように、リーダーとしての成熟プロセスにおいて、取れる視点の数が増え、視野が拡大していくという現象が見られます。

まさに「あのリーダーの視座は高い」という言葉を頻繁に耳にするように、リーダーの成熟度合いが増せば増すほど、視座は高くなっていきます。その結果として、物事を見通す視野が拡大していきます。


もう1つ、視野の拡大に付随して重要なのは、感情の客体化という現象です。これは、視野の拡大と密接に関係しており、私たちは成熟を遂げれば遂げるほど、自らの感情をより客体化することが可能になります。

例えば、エゴリーダーというのは、感情の客体化の力がまだ未成熟であり、自分の感情と一体となっているような状態に置かれています。自分の願望どおりに物事が進まないと苛立ち、その苛立ちに気づくことができずに、苛立ちと同一化した状態でリーダーシップを発揮してしまうのがこの段階のリーダーの特徴です。


一方で、より成熟したリーダーは、自分の感情と一体となるのではなく、感情そのものを客体化させることができます。

すなわち、より成熟したリーダーは、自分が今どのような感情を持っているのかに気づきの意識を与えることができます。成熟に伴う視野の拡大というのは、単に外側の現象を俯瞰的に眺めることを可能にするだけではなく、自分自身の感情をより俯瞰的に眺めることも可能にします。

青木美智子の学びノート 1

□エゴリーダー、コアリーダー

自分起点は、エゴからか願いからか。

それに気づいていることが大事。

□いつも自分の状態(感情)を観察すること。

(感情に飲み込まれなくなるために……)

□焦らない

ひとつひとつ丁寧に体験を積むこと。

理念や信念、コアな願いは

そのプロセスから漉し出される。

第2章

視野の狭いリーダー

――利己的段階のリーダーがいる組織

「あの子、ほんと、使えない」

「ちょっと！　東野君、これどうなってんの？」

キンキンとよく響く小林さんのやや感情的な声がフロアに響いた。

小林さんは総務部の50代前半の女性課長だ。10年ほど前に、我が社で初めて女性管理職になった人である。私が所属する営業部は最近オフィス内のレイアウト変更がなされ、総務部とは隣り合わせになったので、様子がよくわかる。


「えっと……、何のことでしたっけ？」

「わかんないの？　先週の業務改善プロジェクトミーティングの議事録は、書記だったあなたの担当でしょ？　上から、まだ議事録が届かない、って私のところにメールが来てるわよ」

石田部長が神奈川支社に転勤してから、業務改善プロジェクトのリーダーは小林さんが務めている。東野君もそのプロジェクトの一員のようだ。

「すみません。先日小林課長にお願いされた、昨年度の備品管理レポートをまとめていたら、後回しになっちゃって」

「ああ、週明けの課長会議に私が持って行く準備資料ね。そりゃ、やってもらわなきゃ困るわよ。ちゃんとできてる？」

「はい、なんとか今日中に仕上げます」

「じゃあいいけど、議事録くらいさっさと仕上げて出してしまいなさいよ。私が叱られちゃうんだから」

「すみません」

「はあ……、あんたはまったく……なるべく早めに仕上げるのよ」

呆れ果てたようにため息交じりでそう言われ、入社2年目の東野君は、しょんぼりと自分の席に戻って行った。

小林さんは、東野君に聞こえるか聞こえないかくらいの声で、

「ったく、ほんと、使えないんだから」

と呟いて席に座ると、イライラした様子でキーボードを叩きはじめた。

背を丸めて自席に座って作業をする東野君は、小林さんの苛立ちに身をすくめているように見える。今日も残業確定のようだ。このところ、彼は毎日残業をしている。机の上に並べられている栄養ドリンクの空き瓶を見て、私はそれに気がついていた。


――使えない、かぁ……。

私はこの言い方が好きではない。

課長会議の前の週は、小林さんから申し付けられる準備資料作成に追われて、いつも東野君はこの調子だ。手際の悪さもあるのだろうけど、もしかしたら小林さんの仕事の振り方にも問題があるのではないか。

――小林さんの言うことは正論なのだけど、もう少しやり方があるんじゃないかなあ。数字が並ぶパソコン画面を見つめたまま私は思った。

――そういえば、小林さんは敵には回したくないタイプだって、言っていたわね。

入社したばかりで右も左もわからないころ、小林さんはいろいろと声をかけてくれた。そのときは、私も彼女を頼もしく思ったりした。「ズバズバ言ってくれるところに愛情を感じる」と言って慕っている人もいるので、根っから悪い人ではないのだろう。

しかし、「こいつはだめだ」といったんレッテルを貼った相手に対しては、こんなふうに容赦ないようだ。

――もし、私が彼女の部下だったとして、あんなにイライラとした態度で言われるのは、辛いわ。

では、どうしたら小林さんのターゲットにならずに済むのか。有能であることか。しかし、万一彼女より有能であったりしたら、逆に嫉妬を買うような気もする。

「青木さん、ランチにいかないか？　昨日、森尾課長と会った感想も聞かせてほしい」

パソコン画面を見ながらぼんやりそんなことを考えていたら、後藤課長に声を掛けられた。時計を見るとちょうど正午を回ったところだ。

「はい、ご一緒します」

と、思考を中断し、パソコンにロックを掛けてスリープ状態にした。

カバンからお財布を出して、席を立った。

オフィスからエレベーターフロアに続く廊下の少し前を、小林さんがいつも一緒にいる仲間と3人でランチに行くために歩いていた。総務部の桃井さんと梅村さんだ。

桃井さんは役職者ではないが、小林さんと同世代で普段から仲が良いようだ。身長が170センチほどあるスリムな女性で、どこか画家クリムトが描く女性のような雰囲気がある。

梅村さんは40歳くらいだろうか。少々腰が低すぎて押しに弱い感じがする、小柄でぽっちゃりした女性で、小林さんによく可愛がられている。梅村さんも、小林さんを慕っているようだ。

——いや……慕っているというより、なついている感じ……?。

一足先に、3人が連れ立ってエレベーターに乗り込むのを見送りながら、私は、なんとなくそう感じた。

「親分とその子分たち、という図に見えるなぁ」と、上着を取りに行っている後藤課長を待ちながら、小林さんたちが乗ったエレベーターの扉が閉まるのを見届け、思わずそうつぶやいた。

そう、小林さんはなんとなく、いつも徒党を組んでいる感じがする。

姉御肌、ということか……?

オフィス街のランチタイムはどの飲食店もよく混んでいたが、運よく、静かなカフェレストランに並ばずに入れた。

後藤課長がメニューにある本日のランチを選んだので、私も同じものをオーダーした。

「森尾さんと会って、どうだった？」

おしぼりで手をふきながら、さっそく後藤課長が私に質問をした。

「たくさんの刺激をいただきました。森尾課長はとても素敵な方ですね」

「そう、それはよかった。具体的にどういうところが刺激になったの？」

「いろいろとアドバイスをいただきました。しかし、一番印象的だったのは、森尾さんといると、目の前の不安がなんとかなるような気がして根拠のない自信が湧いてくるんです。それに、あからさまに私をほめてくれるわけではないのだけど、なにか、私を信じてくださっていることを感じます」

「なるほど。彼女もいろんな葛藤を経験しているから、青木さんの気持ちがわかるのだろうし、青木さんが今抱えている不安を乗り越えられることを知っているからだろうな」

「後藤課長は森尾さんをよくご存じなのですね」

「彼女とは、同期入社なんだよ。課長になったのは僕のほうが早かったので、彼女が課長の任命を受けたとき、相談に乗ったこともある。君と同じように、悩んでいたよ」

「同期だったのですか！　そういえば、同期同士の交流は大事よって、森尾さんがおっしゃっていましたが、後藤課長のことだったのかもしれません。森尾さんも悩んでいた時期があるのですね」

今でこそ、森尾さんはのびのびと軽やかに過ごしている。「葛藤ゾーン」にいるとき、物事は必要以上に深刻に見えるものなのかもしれない。

と、そのとき、大きな笑い声が店内に響いた。

小林さんたちだった。

「きゃははは！　もう、ちょっと、あんたも笑いすぎよ」

小林さんのややはしゃいだ声がする。

「だって、小林さん、おもしろすぎるんですもの。うふふふ。でも、本当にすごいですよぉ、小林さんって。私はそんなにはっきりと人にものが言えないですもの」

梅村さんがそう答えている。

梅村さんたちのこのようなやり取りを、よく見かける気がする。

少々気の小さい梅村さんは、歯に衣着せぬ物言いのできる小林さんを魅力的に感じているのだろう。しかし、梅村さんの態度は、１００％心から出た素直な賞賛というより、どこかちやほやと「持ち上げている」ニュアンスがほんの少し混じっているように感じる。

――親分と子分……。

先ほどエレベーターホールで感じたことを思い出した。

私は森尾さんのことを尊敬しているが、森尾さんを持ち上げたくなるかというと、あまりそのような気持ちにならない。

森尾さんはそのようなものを求めていない気がするのだ。

「ほんと、小林さんってすごいですよねぇ」と、また梅村さんが言っている。

小林さんは、「そんなことないわよ。あの部長が使えないだけよ」と、まんざらでもない表情で答えていた。彼女たちはまた大きな声で笑った
「使えない、か」と、ふと言葉が漏れた。

「ん？　どうしたんだ？」

後藤課長に聞こえたらしい。

「いえ、あの……。人に対して、あの人は使える・使えないって言い方、あまり好きではないなと思って」

「え？　どうしたんだい急に」

小林さんたちのおしゃべりは、彼女たちの大きな笑い声以外、後藤課長の耳に届いていないようだった。

「いえ、ちょっと思うところがありまして。もし自分の上司からそういう言葉を聞いたら、嫌な気分になるかなと思いまして」

「まあ、そうだね。使える、使えない、という物差しで自分のことを見られていると感じたら、部下はいい気がしないだろうね。まるで人を道具のようにみなした表現だ。そんな意識が、使える、使えないという表現を使わせるのかもしれないね」と、後藤課長は言った。

「きゃははははっ」

また、小林さんの笑い声が響いた。

後藤課長はくすりと笑ってこう言った。

「小林さんか。彼女は、レストランでもパワフルだな」

よく見ると、３人が座っているテーブルは、本来２人掛けのようだ。それを無理を言って３人で座らせてもらっているらしい。観葉植物を動かして椅子を置いているようだった。

すると、そばを通りかかったウエイトレスが、小林さんに呼びつけられた。

「あ、ちょっと。アフターのホットなんだけど、カフェオレに変えてくれません？」

「申し訳ありません、カフェオレはメニューになくて」

「ミルク多めにしたらいいだけだから、できるでしょ」

「あの……ちょっと厨房に聞いてきます」

それを見て、後藤課長が愉快そうに小声で私にこう言った。

「小林課長にはかなわないな。思いどおりに物事を進めたいとき、彼女のような押しの強い存在は貴重だね」

そう、小林さんは強い。

やり方に気になる点はあるが、場面によっては頼もしかったり、それが魅力的に見えたりするのだな、と私は思った。

食事を終え、会計のためにレジに向かうとき、小林さんたちの横を通った。私は軽く会釈をしたが、3人はおしゃべりに夢中で私には気がつかなかった。

小林さんの手には、ミルクたっぷりのカフェオレが入ったコーヒーカップが握られていた。

視野の狭さと身内びいき

オフィスに戻ると、私はカバンから歯ブラシを取り出し、化粧室で歯磨きをしてから自分の席に戻った。


バタン！

スリープ状態だったパソコンを立ち上げなおしているとき、オフィスのドアが勢いよくあいて、小林さんが足音を立てて入ってきた。かなりの剣幕だ。

オフィスにいた全員がドアのほうを振り返った。

「あ、あの、小林さん、いいんですよ、自分で言います」

今度は梅村さんが青い顔をして、あとを追いかけるようにして入ってきた。

「いいの、私が言ってあげるわ！」

と、小林さんは立ったまま自席の電話の受話器を取り上げ、電話をかけはじめた。

梅村さんは心配そうな顔をして、小林さんの席の横に立ちすくんだ。

「あ、本社総務の小林です。石田部長、いらっしゃる？」

どうも、先日訪問した神奈川支社の石田部長に電話をかけているようだ。私は気になって耳を傾けた。

「あ、石田部長？　ちょっとひどすぎませんか。神奈川支社の商品管理課の精算処理を梅村に丸投げしたそうじゃないですか。まだ経理システムが変わったばかりなのに、月内にあんな大量のデータ処理は無理ですよ！」

電話の向こうの石田部長の言い分を聞くため、少し間が空いた。

そして、また小林さんは声を上げた。

「はあ？　何か困ることがあったら言ってきてくれ、と梅村には伝えたですって？　でも、それだけですよね。その後、メールの１本もなく、梅村をほったらかしにしたそうじゃないですか」

さらに石田部長に口を挟む隙も与えず、

「お言葉ですが、そういう場合は何回か部長から状況確認を入れるべきですよね？　そもそも、業務を依頼する前に、もっと現場の仕事量の把握をすべきじゃないですか？　部長クラスの人から頼まれたら断れない人がいることも、わかるべきですよ」

と、まくしたてた。

石田部長が、あたふたしているであろう姿が眼に浮かぶ。

小林さんの感情の波が、私にまで伝わって妙に萎縮してしまう。いや、よく見ると、オフィス全体にそこはかとない緊張感が漂っている。

やりとりが続き、ようやく話がついたようだ。

「じゃ、半分はそちらの営業事務の人たちに振っていいのですね。そう梅村に伝えます。もう、うちの子を泣かさないでくださいよ」

と小林さんは言い、電話が切れた。

「すみません、小林さん」

一部始終を心配そうな顔で聞いていた梅村さんは、泣きそうな顔で言った。

「いいの、いいの。あれは石田部長が悪いんだから。部長から直接頼まれたら断れないのは当然だわ。そもそも、石田部長は現場の動きが全然見えてない人だから、このくらい言ってやらなくちゃ」

「でも、私も悪いんです。確かに、石田部長は困ったことがあれば言ってきてくれ、とおっしゃっていたんです。……とはいえ、確かに、ものすごいデータ量だったので、本当に半泣きでした」

「何を言ってるの。梅ちゃんは悪くないわ。あれは、配慮が足りない石田部長が悪い。一言言ってあるからって、ちゃんと様子見の声かけはすべきよ。こういうところは、彼の改めるべき点だわね。それに、最近、会社は残業にうるさいのに、他部署のせいでうちの課の残業時間が増えたら、私が上から怒られちゃう。たまったもんじゃないわ」

「ありがとうございます。本当に助かりました」

「いいのよ、また守ってあげるから、いつでも言って」

「はい！」と、梅村さんは嬉しそうに顔を上げて答え、席に戻って行った。

梅村さんの笑顔を見届けると、子分を守った親分のように、小林さんは満足げに椅子に腰をかけた。


小林さんの怒りが収まると、私も少しホッとして肩を下ろした。なんとなく、総務部と営業部があるこの広いオフィス全体に安堵感が流れた気がする。向かいの席でデスクワークをしていた後輩の純子ちゃんと目が合い、２人で顔を見合わせて肩をすくめ、「やれやれ」という表情を交わした。

小林さんは、時々このように剣幕を起こす場面を見かける。だからだろうか、普段からどこか周りを緊張させて気を遣わせるところがある気がする。

そのとき、私は、はっとした。

――そうか、これが影響力なんだ。自分の影響力に無自覚、というのはこういう状態のことなのね。

小林さんは、自分の振る舞いで周りがどう反応しているか、場にどのような空気を生み出してしまうかに対して、無自覚で無責任なのだ。

――ちょっと視野が狭いのね。

向かい席の純子ちゃんに、この自分の考えを伝えたい衝動にかられた。

が、しかし。

私は自分が少々斜に構えた気分になっていることに気がついた。

自分の見解を述べるというより、小林さんの悪口を言いたくなっているのだ。

私は、神奈川文社を訪問してからずっと、森尾さんからもらったアドバイスの「いつも自分の状態を観察すること」を意識して過ごすようにしている。

観察を続けていると、自分の状態、つまり、感情がどのタイミングで変化したり湧いてきたりするのか、徐々に気がつきやすくなってきている。

——私、ちょっと今、苛立っているわね。

自分が不安定な感情であることを認識した私は、純子ちゃんに話しかけることを躊躇した。この状態のまま、よく吟味されていない自分の考えをむやみに発することは、どこか無責任なことのような気がしたのだ。

——そうね、や〜めたっと。ん……？　これが自分の影響力の起点に自覚的になるってことかしら？

「リーダーシップとはその人の在り方や言動が発する影響力である」

「その在り方を磨くために大事なことは、自分の影響力の起点を自覚すること」と、ノートにメモをしていたのを思い出した。

——少なくとも、自分の感情に自覚的になって行動を選択したってことよね。ちょっとはリーダーシップを磨いたことになるかしら。

メモを読み返したくなり、カバンから森尾さんと話したときのノートを取り出した。あれからいつも持ち歩いている。

すると、

「人は目の前で起きていることをあるがままに捉えることはできない。心のレンズ（価値観）を通して見ているのだ」

という一行が目についた。

——感情が泡立っているのは、何か私の価値観に触れたということね。いったい私の中にどんな価値観があるのかしら。

しかし、何か自分の中にモヤモヤとした攻撃めいた感覚があることを確認できるだけで、その正体はいまいちはっきりしてこない。

東野君がランチから戻ってきた。小林さんが彼に声をかけた。

「あ、東野君、午前中話してたミーティングの議事録だけど、やっぱり今日の14時までに仕上げられない？　え、無理？　あなた、ランチタイムは何してたの？　仕事が遅れているんだから、ランチなんて返上して遅れている仕事に取りかかるべきでしょ。もう2年目なんだから、それくらいの意識を持つでしょ。まったく……」

「す、すいません……、では今からファイルを取ってきてすぐ仕上げます……」

と頭を下げて、東野君はオフィスの隅にあるキャビネットへファイルを取りに行った。

「はあ、だめだわ。あの子、ほんと使えない」

小林さんは吐き捨てるようにそう言った。

——出た、「使えない」だ。

じわり、と私はまた心が泡立った。

そもそも、小林さんの東野君への仕事の振り方は、石田部長から梅村さんへの仕事の振り方と同じではないか。

しかし、小林さんは自分の言動の矛盾に気がついていないみたいだ。

——やっぱり、ちょっと視野が狭いのだわ。それに、梅村さんへの配慮と東野君への配慮の違いがあからさまだ。身内びいきで公平性に欠いている。

小林さんの少々一方的な態度を立て続けに目の当たりにすることになり、私はいつになく斜に構えたモヤモヤした感情を持ったまま、午後の時間を過ごすことになった。

正義のラッピング

自宅に帰ると、夫は先に帰宅していたらしく、玄関に靴が脱いであった。

「お、奥様、おかえりなさいませ」

と、少しおどけた口ぶりでキッチンから顔を出し、夫は言った。

昼間のモヤモヤを抱えて帰宅した私は、夫の温かい声に癒された。

夫は、基本的にいつも機嫌がいい人だ。くよくよと自分を責めてふさぎ込んでいたり、イライラと八つ当たりしたりするところをほとんど見たことがない。普段からたいてい穏やかに上機嫌で、軽い冗談を言ったり、1人で鼻歌を歌っていたりするような人だ。

「あら、早かったのね！　ご飯の支度、ありがとう」

私たち夫婦のルールは、先に帰ったほうが食事の用意をし、食事の片付けは、料理をしなかったほうが行う。その際、お互い必ずお礼を欠かさないことも大事な約束だ。

夫は、週末に2人で料理して作り置きしたシーフードカレーを鍋で温めなおしながら、レタスをちぎって簡単なサラダを作ってくれていた。カレーには、夫の発案でイカのワタを少し多めに入れてあり、その香りがしておいしそうだ。

私は洗面所でうがいと手洗いを済ますと、まだスーツ姿のまま冷蔵庫を開けてビールを取り出し、キッチンカウンターに座ってきゅっと一口飲んだ。いくぶん気持ちがすっきりし、夫とおしゃべりがしたくなった。

夫の手でサラダボウルに盛られていくレタスやプチトマトを眺めながら、私は今日起きたことをかいつまんで話した。

「……それでね、なんだか私、一日中モヤモヤしちゃって。確かに、小林さんは頭の回転が早くて仕事ができる人だし、歯に衣着せぬ話し方は見ていて気持ちいいって思うことが私もあるの。でもね、今日はちょっと押しの強い場面を何度も見ることになって、もう少し相手のことを思った言い方ってあるんじゃないかって、思っちゃったの」

「なるほど。でも、そういうところにモヤモヤするところが、平和主義の君らしいね」

「平和主義？　あなたは私をそう見ていたのね」

確かに私は人と対立するのは苦手だ。

「まあ、確かにそうかもね……私なら、少なくとも人に対して『使えない』を連呼したり、『べき』って言葉で追い込むこととかは、絶対しないなあ」

と言うと、また自分の感情が泡立ってきたことを感じた。

自分の状態の観察に慣れてくると、いつのまにか湧いている感情に気がつきやすくなる。すると、無意識にその感情に流されてしまわず、いったん考えてみる、というスペースが生まれてくる。

「でもさ、その小林さんという方が言っていることは正論なんだろう？」と、夫は言った。

「そうね、確かに正論よ。でもね、私にはどこか小林さんの身勝手さが混ざっている気がしたの。真摯な意見の主張っていうより、口が立つ、って感じで」

すると、夫が何か思いついたように言った。

「ああ、なるほど、それはきっと、正義のラッピングっていうのが上手なんだね」

「なにそれ？」

ユニークな表現に私は興味を持った。

「正義のラッピングが上手な人とは、『べき』という言葉のように、断定的な表現で相手を追い込んだりコントロールしたりするのが上手い人のことさ。僕の会社にも正義のラッピングが上手な、強烈な人がいてね。隙のない完璧な正論で相手を追い込み、周りを納得させて巻き込むんだよ」

「なるほど。多分、似ているタイプだと思う」

小林さんの今日の姿に、同種のものを感じた。

「あるとき、その人のことを、僕の部の女性たちが、あの人は正義のラッピングが上手だって噂していてさ。上手いこと言うなぁって感心したんだよ」

「なぜラッピングなの？　本当にその人は正義感の持ち主だってこともあるんじゃないの？」

「彼女らが言うには、本音を正義という包装紙で包んで伝えるのが上手だから、相手も周りもつい巻き込まれてしまうけれど、よく観察すると、彼の保身や私欲が透けて見える。だから、ラッピングなんだってさ」

「するどい！」

「だろ。君も小林さんという女性の自己中心的なふるまいに気がついているし、女性は、本当によく人を見ているよね。くわばら、くわばら」

私が今日の出来事で、小林さんにモヤモヤしていた点はそこだった。一見筋が通った言い分を主張しているが、そこには下心がある。今日の小林さんの場合は、身内びいきさや無意識の独善性を押し通したい下心だ。

それを隠し、相手の状況や気持ちの配慮を欠いて、正義のラッピングで相手を追い込む。そのずる賢さに、かちんときていたのだ。

「そうよ、彼女は、自分の仕事が不利にならないようにすることしか、興味がないんだわ。東野君に比べて梅村さんへの態度はえこひいきが過ぎるし、なにかと感情的で周りに気を遣わせるし……」と、夫を相手に愚痴が止まらなくなった。

「厄介なのは、それに自分で気がついていない気がするの。親分気どりで、自分が正しいって思っている。まさに正義のラッピングをして……そうね、これこそ、昨日森尾さんが言っていた、自己欺瞞というやつだわ」

そして、こう思った。

彼女は、エゴリーダーなんだ、と。

「森尾さんとは、昨日訪ねたと言っていた君の先輩だね。ところでめずらしいね、君がそんなに感情的になって、人のことを悪く言うなんて」

「あ……本当ね、ごめんなさい。何だか、感情が抑えられなくなっちゃった」

強い感情のときは、自分の状態を観察する余裕はなくなってしまうようだ。

「いいじゃないか、夫婦なんだし、家というものは気持ちを吐き出して楽になる場所だよ。たまにそういう君の本音が聞けるのは嬉しいよ」

「ありがとう。でもあなたに甘えて、陰で悪口のように言ってちゃだめね。彼女のやり方もあるんだろうし……」

「別に甘えてもいいんだけど……。本当に、君はよく気を遣うし、平和主義だね。さて、できた、と。テーブルに置いてくれる？」

夫はサラダボウルをカウンター越しに私へ手渡した。私は夫からボウルを受け取ると、テーブルの真ん中に配置した。

そして、「じゃ、ご飯の前に着替えてくるね」と言って、着替えのためにベッドルームに向かった。

「エゴからではなく、コアからリーダーシップを取るためには、自分の影響力の起点に自覚的になることよ」と、森尾さんの声がまた頭に響いた。

でも、自己欺瞞がそれをさせない、と森尾さんは言った。

――正義のラッピング……それで自分をごまかしちゃうのね。自己欺瞞って曲者だわ。

その正義のラッピングを盾に、容赦なく人を責める小林さんの顔が浮かんだ。

また少し、苛立ちが湧いた。

「ふう……。またイラっときちゃった。確かに、私は今日いつになく怒っているわね。どうしたのかしら？」

昼間のことは忘れて、夫との夕食タイムを楽しい時間にしよう。

着替えが終わると気持ちを切り替えリビングルームへ戻った。

「普通はこうするものよねえ」VS「私の言うことを鵜呑みにしちゃだめよ」

──わたしって、だめだなあ。

私は、朝から自己嫌悪に陥った。

「あ、小林課長！　今日、神奈川支社の森尾課長は会議に参加されますか？」

本社では3か月ごとに、関東圏の管理職が集まる会議が開かれる。

朝礼前に化粧室に立ち寄ったら、洗面台の前で小林さんが化粧直しをしていたので、尋ねてみた。

「森尾さん？　ああ、さっきエントランスで見かけたわよ」

「本当ですか？　ありがとうございます。課長会議は12時までですよね？　その後、さらにランチ会議とか入っていないですよね？」

会議の後、森尾さんは私とランチを取る時間があるだろうか。いろいろおしゃべりしたいことが溜まっていた。

そんな私の浮足立つ気持ちに水を差すかのように、小林さんはこう言った。

「ランチ会議はないけど、彼女は早く支社に帰らなくちゃいけないんじゃない？　あの子、先月また長期の休みを取っていたみたいだから、仕事が溜まっているんじゃないの？」

森尾さんは小林さんより年下だが、役職は同じだ。「あの子」という言い方には、少々見下したようなニュアンスを感じた。

「あ、でも、森尾課長の部署は、協力して交代で長期休みが取れる仕事の回し方や体制を作り上げているって聞きました」

「ふうん。まあでも、普通、管理職があんなに長く休んじゃだめよね。あの子、有給も全部消化しているらしいじゃない。普通は、もうちょっと遠慮するものだと思わない？　まあ、部長たちも、若い彼女のわがままに甘くなっているのよね。そういうのって、いかがなものかしらねぇ」

巻き込まれてはいけない。これは正義のラッピングだ、と私は思った。

私はいつも思うのだが、「普通はこうするものよね」というフレーズを使うと、簡単に人を罪な存在にできる。

それに、森尾さんは若さで上司に媚びたりする人ではない。

「そうでしょうか？　森尾課長の部下に私の同期がいるのですが、彼女も、そしてあの石田部長までも、森尾課長の影響を受けて、上手に仕事を回して長期休暇を取ることができはじめているみたいですよ。森尾課長のわがままを聞いてあげた、というのとは、ちょっと違うと思います」

と、一気に言ってから、「しまった」と私は思った。

自分の感情が熱くなっていることに気がついていながら、小林さんに反論してしまった。私はすぐさま後悔をした。

――小林さんに目を付けられるのは避けたい。直接仕事の関わりはないが、小林さんと仲のいい桃井さんや梅村さんたちと一緒になって「あの子は生意気だ」などと陰口を言われたりするかもしれないわ。

私は鋭い不安に襲われた。

「とはいうものの、支社は本社より業務の流れもシンプルですし、長期休みの取りやすさの事情が違うのかもしれませんね。それに、小林課長は総務も経理も精通されていらっしゃるから、皆さんが頼ってしまわれて大変ですよね」などと、お世辞めいた心にもない言葉が口をついて出た。

「そうそう、守備範囲が広くて困るわ。それに本社と支社じゃ、圧倒的に本社のほうが大変よ。ま、彼女はたまたま部下にも恵まれているのかもね。課長が長期でいなくなってもちゃんと職場が回っているのでしょ。きっと、主体性ある部下が集まっているのね」

さらに続けた。

「うちは、私がいなくなったらとても仕事は回らないわ。東野にしても、梅村にしても、みんな、私に言われたことしかやらないんだもの。指示待ち人間ってやつね。困ったものだわ」と、愚痴とも、軽い優越感ともつかぬ言葉を残して、小林さんは化粧室を出ていった。

ひとり残された私は、鏡に映った自分の顔を見た。

何だか、情けない顔をしている。

「私って、だめだなあ。どうしてもっと堂々としていられないのかしら」と言って、ため息をついた。森尾さんの凛とした佇まいがまぶしい。

「でも私……生意気だったわよね。小林さんににらまれないといいのだけど」

不甲斐なさと不安の入り混じったどうしようもない気持ちになり、私は鏡の前で立ちすくんだ。


ランチタイムになった。

私はすぐに会議室に向かい、会議を終えた森尾さんを捕まえようと思った。

会議室の前に行くと、ちょうど森尾さんが後藤課長と談笑しながら部屋を出てくるところだった。

「おや、青木君。そうだ、よかったら君も一緒にお昼をどうだい。今から森尾さんとそば福にでも行こうと話していたんだよ」

そば福は、会社の近くにある手打ち蕎麦が人気のお店だ。蕎麦そのものもおいしいが、せいろ蕎麦を頼むと付いてくる蕎麦湯がとろりと濃厚で、私の大好物だ。きちんと蕎麦粉を湯に溶いて作ったもので、それに蕎麦つゆを少し混ぜて口に含むとそれは贅沢な味の吸い物になる。

「そば福ですか！　お供します」

お店へ向かうまで、森尾さんと後藤課長は先ほどの会議について意見を交わし合っていたので、声をかけないようにしていた。ときどき、小林さんの名前が挙がるので、そのたび小さくドキリとした。

そば福に着くと、短い行列ができていた。蕎麦屋の回転は速いので、私たちはそのまま並ぶことにした。

「森尾さん、ずっとお会いしたかったんですよ」

森尾さんと後藤課長の話は一区切りついたようだったので、私は森尾さんに話しかけた。

「うれしいわね。その後いかが？」

「はい、あれから、森尾さんに言われたとおりいつも自分の状態を意識するようにしています。自分の感情が無意識のうちに変化していたり、その感情が自分を衝動的な行動にかりたてるきっかけになることが多いということに気がつきました」

「そう、すばらしい洞察ね！　センスいいわあ。それが影響力の起点に自覚的になってきているってことね。もう1つ欲を言えば、その感情の奥にある自分の価値観に気がつくことも大事よ」

「はい、実はそれも何となくわかってきました。感情や価値観に自覚的になっていくと、自分の発言や行動にどこか思慮深さが加わる感じがしますね。なんていうか、こう、反射的・衝動的な行動ではなく、ちゃんと状況に対応した行動を取るようになってきているというか」

すると、森尾さんは少し目を見開いてこう言った。

「青木さん……！　あなたが本当に日常から自分の状態を確認することを意識して過ごしているのが、今の言葉で本当によくわかったわ。ただ頭でわかっているだけでなく、ちゃんと実践している人でないと、そういう感想って出てこないもの」

取り組みの成果だけでなく、その過程までも承認してもらった気がした。森尾さんのフィードバックはいつも心に響く。

さらに森尾さんはこう付け加えた。

「そう、いつも自分の状態を意識するようになると、反射的行動から対応的行動になるのよ。たとえ反射的であったとしても、反射的な自分に気がついていられるから度が過ぎなくなってくるし。そういうふうに、自分の影響力の起点をいったん吟味する姿勢は、リーダーシップを良質なものにすると私は思っているの」

今度は、私が先ほど言われた言葉を森尾さんに対してそのまま返したくなった。

森尾さんこそ、頭でわかっているだけの人ではない。一般論や世の中の正論をそのまま人に押し付けず、ちゃんと自分の実践や体験から抽出された自分なりのセオリーを持っている。

「森尾さん、本当に勉強になります」と言って、私は手帳を取り出し、「反射的行動、対応的行動」というキーワードを書き込んだ。

「あら、メモをしてくれているの？　本当に熱心ね」とほめてくれた後、ゆっくりと私の目を見てこういった。

「ただ……ね、青木さん。私の言うことを鵜のみにしちゃだめよ」

「え？　どういうことですか？」

すっかり森尾さんに傾倒しかけていた私は不意打ちをされた気がして、驚いた。

「素直なことはいいけど、人が言うことをすべて鵜のみにしちゃだめなのよ。ちゃんと、自分で精査し直すことが大事なの。吟味する、と言ってもいいわ」

「自分で精査し直す、ですか？」

「そうよ。私はいつも部下たちにもそれをよく伝えているの。課長である私の言うことを鵜のみにしない。どんな意見も必ず自分で考え直すことって。だからね、うちの部署では私の指示に対して、はい、わかりました、は禁止なのよ」と、森尾さんは、またあのいたずらっぽい笑みでそう言った。

「え？　はい、わかりました、がだめなんですか？」

「そう。私の指示命令に対しては、必ずいったん『本当にそれでいいのか？　を考えること』と言っているの。そして、本当にいいな、と思ったら、『はい、わかりました』のあとに、『ではこういうアイデアもそれに加えてみます』をつけてね、と。うちの課では1つの仕事に1つの工夫や気配りを乗せることをルールにしているの」

「1つの仕事に、1つの工夫や気配りですか」

「そうよ。あとね、『どうしたらいいですか？』というのも禁止なの。『どうしたらいいかわからないのですが、こんなやり方ではどうでしょう』まで言わなくちゃいけないの。『どうしたらいいですか？』って聞かれたら、『丸投げ質問は受け付けませ〜ん』と、差し戻しちゃう。結構スパルタでしょ」

なるほど、と私は終始感心して聞いていた。

すると、そのやりとりを聞いていた後藤課長がこう口を挟んだ。

「だから、君の課のメンバーは主体性のある仕事をするように育つのかもね。さっきの会議で小林課長が、自分の部下は指示待ちばかり集まっているから困ると言っていたが、これはリーダーシップの問題かもしれないね」

後藤課長の話を聞きながら、「人の言うことを鵜のみにしない、自分の中で一度吟味する」とメモを取っていたが、また小林課長の名前が出てきたので、私は字を書き間違えてしまった。

不必要な人などいない——「正解だとしたら、どうか」

テーブルにせいろ蕎麦が運ばれてくると、私は蕎麦ちょこに半分だけ蕎麦つゆを入れた。残りは最後に出てくる蕎麦湯に混ぜるために取っておいた。

「ここのお蕎麦、おいしいのよね」と、森尾さんが言った。

「はい、蕎麦湯も絶品ですよね。私はこの蕎麦湯につられて、そば福に来るくらいです」

「わかるわあ〜。とろとろよねえ」

「そうです、そうです、とろっとろですよねえ」などと話しながら、私たちは蕎麦に手をつけた。

「しかし、今日の課長会議はカオスだったね、まいったまいった」

しばし蕎麦に舌鼓を打った後、後藤課長が言い出した。

「あははっ！　そうね、カオスだったわねえ。さすが、小林課長はいつもパンチが効いているわ」

後藤課長らの説明によると、予定調和的に終わろうとした議題について、小林課長が自分の課だけ不利になる、不公平だと、食って掛かったそうだ。

「確かに一時的に総務部の負担は増える。しかし、会社全体から見るとその負担は不可欠なものだし、いつまでも続くものではない。彼女も、もう少し広い視野でものを見てくれるといいのだが」

「まあ、そうね。でも私、小林課長のことは結構好きよ」

そう森尾さんが言うのを聞いて、先日から否定的に小林課長を見ていた私は少々驚いた。

「えっ！　ど……どういうところがお好きなんですか？」

失礼な質問だと思いつつ、つい尋ねてしまった。

「私は昔から、優等生気質が強かったの。だから、課長になりたてのころは、自分がちょっとおかしいな、と思う方向で会議が進んでいても、反対意見を言えなかったわ。でも、彼女はいつもはっきり自分の考えを持っていて、おかしいと思ったら役員に対してもはっきり意見を言っていたの」

「独り善がりだけどね」と、後藤課長は言った。

「まあ、その点は否めないけど……でもね、あの意見を押し出す強さは、あのころの私にとって、学ぶべきものが本当に多かった。彼女を見ているだけで、腹の据え方がわかってきた気がしたの」

「そういうものかね。僕は、あの気の強さが苦手だけどね」

後藤課長は、小林さんを敬遠しているようだ。

「まあ、まあ、後藤君、そう言わず。それにね、会議をよく観察していると、小林課長は大事な役割を果たしていることが多いのよ。ご自分では気がついていらっしゃらないみたいだけど」

「そうかな。例えば？」と、後藤課長が尋ねた。

「例えば、みんなが忖度しながら妥協していくところを、彼女は自分を譲らないで押し通そうとするじゃない。すると、見過ごしていた矛盾点や、みんなが何となく感じていた違和感が浮き上がってきて、会議が活発になることが多いのよ」

「活発じゃないよ、ありゃ、カオスだよ」

「まあ、ちょっと意見が偏りすぎているからカオスになっちゃうけど、会議って議論なしでスムーズに進むほうが不健康で気味が悪いわ。そんなうわべだけの会議で組織運営していたら、いつか会社がおかしくなっちゃう。私、彼女のような人って、ああいう場には必要だと思っているの」

私はハッとした。自分が小林さんの言動だけを見て否定していたことが、とても幼稚なことに感じた。

「そうかもしれないが、もう少し広い視野で発言してくれてもいいんだけどね。彼女はあまりに自分の意見に固執してしまっていることが多いよ」

と言って、後藤課長はずずっと音を立てて蕎麦をすすった。

「うふふ。だからこそ、後藤君は黙っていられなくなって、小林課長に理路整然と見事な反論をしたのよね。普段はあまり会議で話さない方なのに」

森尾さんはちょっといたずらっぽく言った。

「おいおい、そりゃ僕は会議では無口な方だけど、ちゃんと熟考してから発言しようとしているだけさ。部下の前で顔が立たない言い方はやめてくれよ」と言いながらも、後藤課長はまんざらでもなさそうだ。

「あはは、ごめんなさい、でも、あれからぐっと会議が進んだものね。それにあのときの後藤君の視点、すごく冴えていたと思うわ。おかげで最終的には小林課長も納得する結論に着地できたし」

「まあ……、確かに、彼女の発言に煽られて、今日の僕は普段より前のめりになってしまったのは確かだ。小林課長のような存在でも、場には必要かもしれないな」

すると、森尾さんは箸を降ろし、真顔になってこう言った。

「どのような人であれ、組織にも、場にも、不必要な人っていないのじゃないかって、最近思うのよね。この部下が悪い、この人さえいなければいい、なんてふうに部下や周りを見はじめた途端、物事は何も解決されず、新しいことも生み出されず、ずっと課題はそこにあり続ける気がするのよね」

「じゃ、例えば君は困った部下を抱えたときどうしているんだい？」

小林さんの東野君に対する態度を疑問に感じていた私は、森尾さんの答えに注目した。

「そういうとき私はね、この人の存在が、この場にとって正解だとしたらどうだろう、って考えてみるの」

「場にとって正解だとしたら？」

「そう。困った部下だ、やっかいな人だ、と見るんじゃなくて、今のこの場にとって、この人の存在が必要だからこういう形で何かの役割を果たしてくれているのかもしれない、と考えてみるの。この場にとって正解だとしたらどうか、って」

「すると、どうなるんだい？」

「するとね……今までの経験上、本当に、正解なことがほとんどなの」

森尾さんは、目をくりくりとさせ、茶目っ気たっぷりに答えた。

「例えばね、今年うちの課に配属になった新人君は、真面目なんだけど、真面目すぎて仕事の優先順位を付けるのが下手だったり、１つのことに集中しちゃうと他の仕事がどう進んでいるのかまで意識を向けられないところがあったの」

東野君に似たタイプだな、と私は思った。

「そのうち部署全体を巻き込むミスが続いてね。入社３年目の男性部下にその新人君のＯＪＴ指導を任せていたのだけど、指導しきれないと泣きつかれてね」

「それで、君はどう対応したんだい？」

「最初は私も、どうしたものかと思って困ったわ。でも、彼がうちの課にとって正解だとしたらどうか、って自問して視点を変えてみたの」

「なるほど。そうすると、彼そのものに焦点を当てていたところから、広い視野で物事を見つめ直すことになるね」と後藤課長が言った。

「そうそう。そうしたらね、すごいグッドアイデアが浮かんだの。今、課には育児時短勤務者が1人いるんだけど、彼女は時短勤務になってから、仕事の優先順位の付け方や回し方がものすごく上手くなったの。当然よね、なにか制限がある仕事をしている人は業務効率化のスキルが磨かれるわ。

一方で、彼女は時短勤務になってから、ちょっと迷いを感じていたみたいなの。自分は育児中だから思うように能力を伸ばす余裕がないことへの不安や、時短勤務で部署のみんなに迷惑をかけている、という気兼ねもあったみたいでね。そこで私、ひらめいちゃったの！」

「わかった！　ＯＪＴ指導員を時短勤務の彼女に代えて、徹底的に実務トレーニングをさせたんだね」と、後藤課長が口を挟んだ。

「ああ、もうっ！　だめじゃない、正解を言っちゃ！　そこがクライマックスなのに」

2人の軽快なやりとりに、私は笑った。

「それでね、そのアイデアは、大成功だったの。最初は、時短勤務の自分に新人指導をする余裕はないと彼女に断られたんだけど、あの新人君を今後しっかりした社会人として成長させるスキルを持っているのは、あなたしかいないってお願いしたの。もちろん、タスク過多になりそうだったので、そのとき抱えていた仕事の一部は、他のメンバーに割り振ったり、もともと新人君のＯＪＴ指導をしていた3年目の男性部下との2人体制にして負担を減らしてあげたりしてね」

「なるほど。それならなんとか引き受ける気にもなったろうね」

「そうなの。最初は少し渋っていた彼女だけど、だったらやれるだけやってみます、と引き受けてくれてね。実際ＯＪＴ指導をしはじめたら、彼女は私が思っていた以上に、事務処理や仕事の進め方に素晴らしいアイデアをたくさん持っていたの。彼女はそれらを根気よく徹底的に新人君に仕込んでくれた。新人君はそれまでさんざん失敗を繰り返していたので、それはもう必死になって彼女からスキルを吸収してたわ。もちろん、彼は何度か失敗も繰り返すのだけど、さすが子育て中の女性は、その辺も上手になだめたりすかしたりして育成してくれてね。今や、かなりミスも減って、頼もしくなってきたところよ」

「その新人君、君のおかげで社会人人生が変わったな」と、後藤課長が言った。

東野君は入社2年目だ。もし森尾さんの課に配属になっていたら、今ごろ結果はかなり違っていたかもしれないな、と私は思った。

せいろの上の最後の蕎麦をすくいあげながら、森尾さんはさらに続けた。

「そうそう、それに、思いがけない副産物もあったの。時短勤務女性の効率的な仕事のノウハウを他のメンバーにも共有する機会が生まれたのよ。

新人君は彼女の命令で毎日『仕事の工夫ノート』を書いて復習することになっていたのだけど、3年目の男性部下がそのノートのチェック担当だったのね。そうしたら彼はノートに書かれた内容にいたく感心して、みんなも学んだほうがいいと、時短勤務の女性を講師にして勉強会をしたいと言いだして。

今、月に1回、部署内でランチを食べながら『時短勤務者のワザ勉強会』っていうのをやっているのよ」

「ほう、それは素晴らしいね！」と、後藤課長は声を上げた。

「ほらね、その新人君は、うちにとって正解だったでしょ」と言って、森尾さんは蕎麦をおいしそうにすすった。

私はその話にほとほと感心しながら、あとでノートにメモをしておかなくてはいけないと、頭の中に大事な言葉を記録した。

「この場にとって正解だとしたら、どうか」

仲居さんがやってきて、お待ちかねの蕎麦湯が入った赤い漆塗りの湯桶を置いていった。

解説 「利己的段階」「道具主義的段階」とは

本章の中で出てきた小林課長の特徴を成人発達理論の観点から説明すると、どのようなことが言えるでしょうか?

発達心理学者のロバート・キーガンの発達理論では、成人以降に見られる発達段階を4つに分類しています。そのうち、最初の発達段階は「利己的段階」あるいは「道具主義的段階」と呼ばれます。

発達段階を正確に特定する際には、精密な測定を受ける必要がありますが、本文中の小林課長の言動にはどうもこの発達段階の特徴が表れているようです。最たるものは、「あの人は使えない」という発言です。この発言の裏には、他者を道具のようにみなす思考が働いており、まさにこうした思考は道具主義的段階で強く見られるものです。

また、この段階では自らの願望や欲求を満たすために他者を道具としてみなす傾向があります。この点においても、小林課長は自分の主張を通そうとする欲求や、自分の立場を守ろうとする欲求に基づいて他者を道具のように見なしていることが窺えます。

それでは、「利己的段階」と呼ばれる特徴はどのあたりに見られるでしょうか?

この点は上記と密接に関係していますが、小林課長は自分の利益に基づいて物事の判断を行っていることが窺える箇所が随所に見受けられます。例えば、本文の中で小林課長が梅村さんの状況を見かねて石田部長に電話で詰め寄るシーンがあります。

このとき小林課長は「最近、会社は残業にうるさいのに、他部署のせいでうちの課の残業時間が増えたら、私が上から怒られちゃう。たまったもんじゃないわ」ということを述べています。確かに、小林課長は梅村さんの状況を見かねて石田部長に異議を申し立てた側面もあるでしょうが、この発言に現れているように、自己保身という自らの利益のために石田部長に詰め寄ったという側面を見逃すことはできません。

この段階の限界はその他にも、「他者の視点を取ることができない」というものがあります。つまり、この段階では他者がどのようなことを考えているか、どのようなことを思っているかに対して考えが及ばないという特徴があります。この特徴は、入社2年目の東野君に対する小林課長の対応に色濃く出ています。東野君がどのような特性を持っていて、彼が今どのような状況に置かれているのかを考えずに仕事を振っている様子はまさに、他者への視点の欠如を物語っています。

ここでさらに重要なのは、この段階の人がマネジャーであることは組織上の様々な問題を招くということです。1つには、本文中にも出てきたように、小林課長の存在感は周りを萎縮させてしまい、他のメンバーの心理的安全性を損なうことにつながりかねないというものです。部下や周りの心理的安全性が損なわれてしまえばしまうほど、彼らが率先して仕事に取り組むことや創造性を発揮することが難しくなってしまいます。

　もう1つには、この段階のマネジャーは他者への視点取得能力が不足しているがゆえに、部下の成長を支援していくことが極めて難しいということが挙げられます。「リーダーシップとは影響力である」という本文の言葉にあるように、この段階のリーダーシップは、他者の成長を支援することが難しいばかりか、往々にしてそれを阻害してしまうことを招いてしまいます。

　当然ながら、森尾課長が本文中で「どのような人であれ、組織にも、場にも、不必要な人っていないのじゃないかって、最近思うのよね」と述べているように、この段階にも強みがあります。それは小林課長が示していたように、自分を押し通していく力強さであったり、状況によっては頼もしく思えるような毅然とした態度などです。

　しかし、上記で指摘したように、この段階には大きな限界を抱えていることは確かです。とりわけ、この段階にマネジャーがいることは、組織の運営と部下の育成を阻害してしまうことにもつながりかねません。

青木美智子の学びノート2

□自己欺瞞

正義のラッピングに気をつける。

□不必要な人などいない。

正解だとしたらどうか、と考えてみる。

第3章

八方美人の困惑

——他者依存段階から自己主導段階への成長プロセス

きっとそうに違いない——ドラマが始まる

それは、森尾さんとお蕎麦屋さんへ行った翌週の月曜日のことだった。

月曜日はいつも、ジムで19時からサイクリング・エクササイズの予約をしている。人気があり、予約の変更はなかなか効かない。その日もジムに遅刻しないよう仕事を定時で切り上げ、最後に化粧室に寄ってから会社を出ようと思い、廊下を歩いていた。

化粧室の数メートル手前には、休憩スペースがある。最近、そこで飲めるコーヒーディスペンサーは、某ハリウッド俳優がイメージキャラクターを務めている、少し上質なコーヒーに入れ替えられた。

一部の女性社員らは、そのダンディなハリウッド俳優が流し目をする大きなポスターのそばで飲めるだけでも幸せだ、と喜んでいた。

今日も、数名の女性社員がそこで帰宅前の1杯を飲みながらおしゃべりを楽しんでいた。廊下の間仕切りに設置された半透明のガラス越しに人影がうつる。

「ああ、営業部の青木さんのことですね」

休憩スペースに近づいたとき、自分の名前が聞こえ漏れ、私はドキリとして立ち止まった。

「そうそう、青木さん。こばちゃんがさぁ、彼女の勢いにちょっと引いちゃったわ、って言っていたのよねぇ」

「小林さんが言ってたんですか。へえ……えへへ。すごい勢いだったんでしょうね。うふふ」

少々舌足らず気味で蓮っ葉な話し方をしているのは、小林さんと仲のいい桃井さんだ。

そして、愛想笑いを挟みながら話すのは、梅村さんだ。彼女はこの中途半端な笑い方がクセになっている。普段から人の顔色を伺い、周りに気を遣いすぎているせいではないかと、私は時々気の毒になる。

まあ、私も人の気持ちを必要以上に考えすぎるところがあるので、人のことは言えないが。

「あの子さぁ、森尾課長に憧れちゃってるんじゃないのぉ？　営業部の次の係長候補になっているって、こばちゃんが言ってたわよ。課長会議で名前が出たらしいの。まあ、まだ内緒らしいけどぉ」

「あ、内緒なんですね。うふふ」

自分の噂話をその場で聞くことになってしまった。私が最も経験したくない状況だ。

「ほら、あの子ってなんかさ……」

と、桃井さんがまだ私の話を続けようとする。逃げ出したいのに、身体が硬直してその場から離れられなくなり、立ち聞きする形になった。

「先生に気に入られて学級委員とか押し付けられてたっぽくない？　ほら、いい子ちゃん、っていうやつぅ？」

語尾をあげながら、桃井さんは言った。

「いやだ、あはは！　桃井さん、うまいですね。確かに彼女は嫌とは言えずに引き受けていたタイプかも。うふふ。でも、それはいい子ちゃんというより、お人好しですね」

と梅村さんが応じる。

いい子ちゃん、お人好し……。

胸がズキンときた。

そう言われることは、私の密かなコンプレックスだった。平和主義なうえに長女気質で、昔から周りの期待につい応えてしまう。おかげで周囲と円満に過ごす術は身につけたが、どこかそんな自分に窮屈さも感じていた。

「ああ、やっぱり目を付けられてしまったのね。あのとき、意見したのがいけなかったわ」

私はひどく動揺した。いたたまれなくなった私は、踵を返してそっと休憩スペースを離れた。背中に桃井さんと梅村さんのはじけるような笑い声が聞こえた。今度は私の何について話し、笑っているのだろう……。

私は徐々に早足になり、最後は小走りでエレベーターに駆け込んだ。

その日は、ジムの後の爽快感を全く味わえなかった。逆に、時間が経つごとに、どろどろとした気持ちが胸を埋め尽くし、そして、かき乱した。

サイクリング・エクササイズでは、負荷がかけられた重めのペダルを漕ぐ。そのとき、ビートの効いたノリのいい音楽がかなりの爆音でスタジオに流れる。しかし、今夜はそれ以上に大きな声が、私の頭の中でぐるぐると回っていた。

「青木さんはお人好しのいい子ちゃんだからぁ。きっと、後藤課長がうまくおだてて管理職にしようとしているのよぉ」と、私の頭の中で桃井さんの声がする。

——ああ、きっとそう思っているに違いない、と私は落ち込む。

「森尾さんみたいになれると思っているのかしらね。笑っちゃう」と、小林さんが言う。

——ああ、きっとそう思っている。

「そうよねえ、そうなのよねえ、うふふ」と、梅村さんが笑う。

——きっと、そう笑っている。

私は、後藤課長におだてられ、森尾さんにほめられて、いい気になっていたのだ。彼らも、本気で私を買ってくれているわけではなく、きっと、女性リーダーのなり手がいなくて、私に下駄を履かせようとしているだけなのだろう。

私は扱いやすい、いい子ちゃんだから。

「そうだね、君は言うことをよく聞く扱いやすい部下だよ」と、後藤課長の声がした。

私はペダルを強く踏み込んだ。

——いやだ。私は人の上に立ちたくない。こうやって、先輩の女性たちに目を付けられるなんていやだ。生意気と思われたくない。

——そもそもこんな私が、森尾さんや後藤課長たちから聞いたような喧々囂々《けんけんごうごう》のディスカッションを課長会議でするなんて、絶対無理だ。腰抜けの私が人の上に立っても、きっと部下たちも情けなく思うだけだ。

「青木さんって、上司として頼りないわよね」

「上の言うことをハイハイって聞いて、下の言うことに、そうよねぇ、なんて言っちゃってさ。で、どうしてくれるの？　って感じよね」

「八方美人なのよねぇ」

「そうそう、八方美人」

「きゃはは！」「きゃはは！」

きっと、そう言われるのがオチに決まっている。


古い記憶が蘇った。

あれは小学4年生のころのことだ。

実は、桃井さんが言うように、私は人生で一度だけ学級委員を務めたことがある。しかも、先生からのご指名だった。通常、学級委員は立候補を募りクラスで選挙をするのだが、男子たちがふざけてちょっとしたいたずらをし、選挙を妨害した。先生はそれに怒って罰として子どもらから選挙権を奪い、ぐるりと教室を見渡し、私を学級委員に指名した。

クラスの元気なリーダー的タイプの子たちは、すでにみんな他の委員に決定しており、ほかに適任がいなかったのだと思う。

私はクラスで特段目立つタイプでもなかったが、4月生まれのため多少みんなより身体も大きい。クラスメイトともそれなりに仲良くやっていたので、無難なタイプに見えたのだろう。

唐突な指名に驚いて「ええ……でもぉ」と顔をしかめて拒みながらも、男子のいたずらに感情的になっている先生や、なかなか終わらないホームルームにうんざりする教室の空気を察し、私は結局引き受けることになってしまった。

その日のお昼休み、教室の隅で一部の女の子が私のことを噂する声が聞こえた。

「青木さんさ、ちょっと先生にひいきされているんじゃない？」

「ひいきっていうより、押し付けられたって感じ？」

「そう思った。青木さんってさ、先生だけじゃなくて誰にでもいい顔をしちゃうからね。八方美人よね」

「そうそう、前にさっちゃんとゆっきーが喧嘩してたときもさ、両方に、そうねぇ、そうねぇって言ってた。八方美人よね。きゃはは！」「きゃはは！」

私はショックを受けた。

あの場のためによかれと思って引き受けたのに。

放課後、同じクラスの親友に相談に乗ってもらい、一緒に学級委員の辞退を申し入れに先生の所へ行った。

しかし、先生は「何事もチャレンジしてごらんなさい。先生は前からあなたに期待していたのよ」と言って、辞退を許してくれなかった。友達は私に代わって必死に弁明してくれたが、私は何も言えなかった。

結局私は、なるべく先生からもみんなからも文句だけは言われないように細心の注意を払い、学級委員としての雑用業務だけを地道にこなして1学期間をやり過ごしたのだ。

私はその後、クラスでも部活でも大学のサークルでも、なるべく目立たないようにしてリーダー的な役割を引き受けることを避けてきたのだった。

——あぁ、こんな私なんかが、人の上に立つなんて絶対無理だ。

「そうよ、無理よ、あんたなんかに」と、また小林さんの声が聞こえる。

——そう、無理よ、私なんか、私なんかに……。

私は「自分の頭の中の誰か」との対話に飲み込まれていた。それが、わずかな現実のエッセンスを拾って自分で創作した、架空のドラマであることに気づかず。

こうして自分の中で増幅された不安と自信のなさを背負い込み、重い足を引きずるように家路をたどった。

自宅に到着し玄関のドアを開けると、夫はまだ帰っていなかった。玄関から続く廊下の奥は暗く、留守中の空気の澱みを含んで私を迎えた。

断れない、期待を裏切れない——いい子でいる苦しみ

私は人の期待を裏切るのが苦手だ。なるべく、周りの期待には無理をしてでも応えたい。

だから、何かを断ることも苦手だ。

昨夜は悶々として過ごし、あまり寝付けなかった。

朝、ふさぎ込んでいる私を見て、夫は「今日帰ったら話くらい聞くよ。少し早めに帰ってくるよ」と言ってくれた。彼の気持ちがとてもありがたかった。今日は早めに仕事を切り上げ、自宅でゆっくり夫と過ごそうと思った。

通勤電車に揺られながら、後藤課長に相談してみようかと考えた。いや、いっそ係長を辞退することも視野に入れた話を切り出そうかと思った。

後藤課長は頭ごなしに否定したり、部下の話もそこそこに持論を展開して説得しようとしたりするタイプとは違う。部下のくだらない愚痴や言い訳も、まずは最後までじっくりと聞いてから、必要なアドバイスをしてくれる信頼のおける上司だ。

しかし、私はそんな上司にさえ気持ちを打ち明けることをためらった。期待してくれている後藤課長をがっかりさせることが嫌だったのだ。

出勤すると、後藤課長は大阪の取引先でトラブルが発生したということで、急遽3日間の出張になったと知った。

どこかほっとしたような、うんざりしたような、複雑な気持ちになった。

この日は、さらに気の重くなることが重なった。

席に着くと、後輩の純子ちゃんが声をかけてきた。

「青木さん、おはようございます。今日、みんなでバルに行く日ですね！　私、超楽しみにしてたんです！　青木さんとも久しぶりに飲めますし、うれしいなぁ」

ああ、そうだった。

私や純子ちゃんを含む5人ほどの社内の女性で、駅前にできたばかりのスペイン風居酒屋のバルに行く約束をしていたのだった。

以前、純子ちゃんと一緒にランチに行ったとき、私が何気なく「あのバルに行ってみたいね」と言ったら、彼女は社内のメンバーを集め、今夜の「バル女子会」を企画してくれたのだ。

しかも、このバルはオープンしてすぐに話題になり、いつも予約でいっぱいだった。純子ちゃんが何度も電話をかけなおし、やっと取ってくれたのだった。

——しまったなぁ……夫になんて言おう。せっかく早く帰ってくると言ってくれているのに。

それに、私は今日みんなで盛り上がる気分じゃない。

しかし、はしゃぐ純子ちゃんを目の前に、欠席したい、とは言えなかった。

「そ、そうね。今夜、楽しみよねぇ」と、私は無理に笑顔を作って答えた。

純子ちゃんが立ち去ると、夫との約束をどうしようか考え込んだ。

彼はせっかく私を慰めようとしてくれているのに、その気持ちを損ねてしまうのは心苦しい。

優しい彼は今ごろ、私の好きなワインとチーズでも買って帰ろう、と考えているかもしれない。

——やっぱり、バルに行くことを断ろうか。

——しかし、純子ちゃんたちとの約束のほうが先だった……。断るのは申し訳ない。

そんなことをごちゃごちゃと考えた末、やはり今日はバルに行こうと思い、夫にスマホでメッセージを打った。

どう言い訳をしようか考えながら何度も書き直した末、小さな嘘の混じったメッセージを送った。

「ごめんなさい、急に残業を頼まれちゃったの。今夜は少し遅くなります。先に寝ていてください。ぜひ明日の夜、私の話を聞いてね」

メッセージを送ってしまうと、私はどっと疲れが出た。

バルは大変な賑わいだった。お料理もおいしく、女子会はよく盛り上がった。……私以外は。

だが、私は懸命に明るく振る舞った。一緒にみんなと盛り上がっているふりをし、場の空気を乱さないように努めた。みんなのノリについていくために、強めのお酒を飲み、気持ちを奮い立たせようとした。

それでも私は酔うことができず、逆に気持ち悪くなってしまった。

店を出て、みんなと別れると、どっとだるさが押し寄せた。

自宅の最寄り駅で降りると、駅構内にあるドーナツショップに入った。急に甘いものが食べたくなったのだ。普段、せいぜい２つほどしか食べられないくせに、今夜はチョコや砂糖がたっぷりかかったドーナツを４つもトレーに乗せた。

レジに並ぶと、年配の女性が値引きをしていたドーナツを買い込み、私の前で会計をしていた。女性は、小さな小銭入れからお金を出そうとしていたが、指先が思うように動かず手間取っていた。のろのろとした動作を見て、私は心の中でつい舌打ちしてしまった。

――いやだ、今、ちぇって思っちゃったわ。普段なら、こんなことは気にもならないのに。

持ち帰りの箱に詰められたドーナツを持って店を出る女性を見送りながら、私は自分が嫌になってしまった。

結局、私はドーナツを2つも食べ残し、それをトレーごと返却カウンターへ戻すと店を出た。

「ただいまあ。はあ、疲れた……」

自宅に帰ると、ダイニングキッチンの椅子にぐったりと座り込んだ。

「お帰り。えらく疲れているみたいだね。お風呂に入ったら？」と、ダイニングルームに続くリビングのソファで、ビールを片手にテレビを観ていた夫が言った。

23時に始まるニュース番組のオープニングテーマが聞こえた。

「先に寝ててくれてよかったのに……うん、ありがとう、入ってくる」

私は気だるい気分のまま立ち上がり、バスルームへ向かった。

お酒を飲んでいるので、バスタブのお湯に水を足してぬるめにし、そっと身を浸した。少し気持ちが楽になった気がした。

お風呂から出ると、夫は私に温かいほうじ茶を入れて出してくれた。

「よかったら、今からでも話を聞こうか？　昨日から様子がおかしいよ。何かあったの？」

リモコンでテレビのスイッチを切り、そう言ってくれた。

ほうじ茶の優しい味と温かさが、私を内側から癒した。

しかし、私は遠慮した。

「いいよ、明日も早いんだし」

「僕なら大丈夫だよ」

「でも、あなたは昨日も帰りが遅かったし疲れているんじゃない?」

「いや、僕はただ、君の役に立てたらうれしいんだよ。先日、社内の女性先輩のことについて怒っていたように、何か嫌なことがあったなら、何でも話してほしい」

そう言ってもらって、ようやく彼に頼らせてもらおうと思った。

すると、いろんな感情が押し寄せ、何から話せばよいかわからなくなった。温かい湯呑み茶碗をにぎってしばらく黙り込んでから、私はぽつりぽつりと語りはじめた。


「あのね……」

自己犠牲の排気ガス

私は桃井さんたちに陰口を言われたこと、小林さんに目を付けられているかもしれないこと、それで昇進をためらっていること……。

そんなことを、とめどなく話しはじめた。

「お人好しとか、いい子ちゃんだなんて……。自分が知らないところで何か言われるなんて、本当に嫌よ」

「ははは。いい子ちゃん、ね。確かに君は出会ったころから、誰に対しても親切で人当たりがよかったね。しかし、そんなに気にすることないじゃないか。噂をされたくらいで、リーダーを引き受けてみたい気持ちを押さえ込むのかい？」

「わたし、もともとリーダーなんて無理なタイプなのよ。確かに、森尾さんとお会いして、リーダーをやってみようかなっていう意欲は湧いたわ。でも、もう、よくわからなくなってきちゃった」と私は言った。

「そうなんだねぇ。そうだ、君の上司……えっと、後藤課長だっけ？　彼には相談したのかい？」

「後藤課長は今日から出張だったから、まだ相談できていないの。でもね、課長が私に期待してくれている気持ちを損なう気がして、出張から帰ってきても言い出せない気がするの」

小林さんたちに睨まれるのと同じくらい、後藤課長の期待を損なうのは大きなストレスだ。

「それに、どうもすでに私のことを課長会議で推薦しているらしいのよ。もし、これで本当に辞退したら後藤課長の顔をつぶすことにもなっちゃう。森尾さんにもあんなに相談に乗ってもらったから申し訳ないし」

夫にはよく森尾さんの話をしているので、彼も名前だけはよく知っている。

夫はまた軽く笑いながら、こう言った。

「はは。ほら、また気にしすぎている。君はこういうことになると、頭の整理がつかなくなることが多いね」

確かに、そうだ。私は途方に暮れた気分になった。

「そんなこと言っても……どうしたらいいかわからなくなるんだもの。もう、昨日からぐるぐるといろんな考えが頭を回ってしまって……」

すると、先ほどまで笑っていたはずの夫の声が低くなり、急に強みを帯びた。

「あのさ……、君は多くの人の気持ちを考慮に入れすぎだ」

「いけないこと？　それって大事なことじゃない？」

幼いころから、人の気持ちをよく考えて動きなさい、と言われて育ってきた。そのどこが悪いのか。

「ああ、大事なことさ」

いつもは微笑んで話を聞いてくれる夫なのに、どうしたことか、今日はちょっと具合が違う。

「じゃあ、いいじゃない」

「いや、よくない。人の気持ちを考えてばかりで、君は一番重要なことを考えていない」

夫の表情から笑みが消え、真顔になってこう続けた。

「それを考慮せずにいると、物事はなんでも複雑になる。一方、それを最優先に扱ったら、話は一気にシンプルになる」

「え？　一気にシンプルになる？　それはいったい何？」

「何だと思う？」

「……わかんない」

「それは、自分自身の気持ちだよ」

私の気持ち……。

「自分はどうしたいのか、ということだよ。相手がどう思うか、ではなくてね」

「相手がどう思うかではなく、私はどうしたいか……」

「そう。何かを選択する場面では、とにかく自分の気持ちを最優先に扱うべきなんだよ」

「とにかく自分の気持ちを？　そんなことをしたら、わがままで自分勝手になっちゃう」

「君はそうやって、自分勝手になるのが嫌で、自己犠牲的にひとりで抱え込み、いつもあれこれ悩んでいるんだよね。君のために言うけど、それこそ結局は、とても自分勝手なことになるんだよ」

自分勝手……！　なぜ私が自分勝手と言われなくてはいけないのだろう。

「ちがうわ、私は自分勝手じゃない。私は人に迷惑をかけたくないだけよ。相手を嫌な気持にさせたくない。だから、いつも自分の中で我慢しているのに」

私は反論した。

しかし、夫はすぐにこう答えた。

「その自己犠牲的な姿勢が、つまりは自分勝手ということなんだよ」

自己犠牲的になることが自分勝手になる？　私は全くわからず混乱した。

が、それ以上に、いつになく真剣に語る夫の気迫に押されていた。

「いいかい。なぜ、自己犠牲が自分勝手なのかを説明するよ」と、夫は言った。

「まず、君は、人に迷惑をかけたくない、嫌な気持ちにもさせたくない、だから、自分で抱え込むと言ったね」

「ええ、言ったわ。私さえ我慢すれば丸く収まるのなら、なるべくそうしているわ」

私さえ我慢すれば……ふと、実家の母の姿が脳裏をよぎった。

5人兄妹の長男である父と結婚した母は、同居の姑や近所に多くの親戚が住む環境に飛び込むことになった。親戚たちは、やれ法事だ、お祝いだとよく母屋である我が家に集まった。そこで何か小さな意見のすれ違いが起きるといつも、母はその間に入り、いろんなものを引き受けて場を収めた。

そういうとき、必ずあとで私に、「お母さんさえ我慢すれば丸く収まるのなら、これでいいのよ」と言っていた。

夫は尋ねた。

「じゃ、私さえ我慢すれば、といって抱え込む行動の根っこって、何だと思う?」

「根っこ?」

「そう。根っこ。君が尊敬する森尾さんの言葉を借りるとしたら、抱え込むという行動の『起点』はどこから来ているのか、ということだ」

また、母の姿が浮かんだ。そして、「良江さんはええ人や。自分勝手なことを言わへん。ほんま、長男の嫁の鑑や」、という親戚の叔母の声が聞こえた。

「ああ、そういうことか……」

私は、気がついた。その起点は、「保身」だ。

母はいい嫁でいることで、親戚の中に居場所を作った。遠方から嫁いできた母は、親戚の中で孤立することを恐れ、こうして身を守ったのだ。

そして私は……。

「わかったわ。自己犠牲の根っこは保身ね。私は人から嫌われたり、孤立したりすることが怖いのよ。だから、自己犠牲的に我慢し、相手の気持ちを損ねることがないよう気を遣ってしまっているの」と、私は素直に認めた。

「でも、自己犠牲が保身だとして、それはそんなに罪なことかしら。自分が損をするだけで、誰にも迷惑をかけていないのだから、自分勝手ではない気がするのだけれど」

「本当に、自己犠牲によって、誰にも迷惑をかけていないと思う？」

「だって、私が我慢しているだけだもの。周りには迷惑をかけていないことにならない？」

「じゃあさ、自己犠牲的になって溜まったストレスを君はどう処理しているの？　必ずどこかで排気ガスとしてまき散らすことになっていないかい？」

「排気ガス……？」

「そう。ストレスは排気ガスを生む。周りにまき散らす排気ガスだ。その排気ガスは3種類あるんだ。まず、自分より弱い者や親しい者への八つ当たりとして出る。また、他人にそれができない人は、別なところで罪なことをしている。例えば、過剰に食べすぎたり、必要のないものを買い込んだり……つまり、社会の資源の無駄遣いとして出ている。そして、最後に……、これが一番よくない排気ガスなのだけど、自分の体や心を壊してしまうことだよ」

私はハッとした。

まさに今日の私のことだ。

早く帰りたい気持ちを我慢して女子会に参加した私は、自己犠牲のストレスが大きくなり排気ガスをまき散らした。

モタモタと会計をする年配の女性に苛立ったり、食べきれないほどドーナツを買って捨てることになってしまったり、気分が悪くなるほどお酒を飲んで自分の身体を痛めつけた。

もう1つ、夫が挙げなかった排気ガスに気がついた。

親しいものへの不誠実さだ。

甘えられる相手だからこそ、自分の保身のために、私は今朝、夫に嘘をついた。そのことがずっと引っかかっていた。

大事にしたい相手への不誠実は、思った以上に自分を傷つけるのだと気がついた。

私は急に、夫に謝らないではいられなくなった。

「あの……ごめんなさい、実は私……」

驚くことに、夫はこう答えた。

「今日は残業じゃなかったんだろ？　大方、断れない飲み会でもあったんだろう」

「わかっていたの？」

「君は嘘が下手だからね。メッセージの書き方や、帰ってきたときの様子でわかるさ。でも、僕への気遣いだということもわかっているよ。ありがとう。ただ、正直に言ってくれたほうがよかったな。ちょっとさみしかったよ」

私は胸が痛んだ。

「ごめんなさい。そして、本当によくわかったわ。自己犠牲は結果的にとても自分勝手なことになるのね」

そう答えながら、私は泣きたい気持ちになった。

夫は声を少し柔らかくして、こう言った。

「こちらこそごめんよ……。厳しいと思ったけど、今夜は言わなくてはいけないと思ったんだ。でもね、自分を責めることはないからね。保身は決して悪いことではない」

「保身は悪いことではないのね」

「そう、身を守りたい気持ちは、生き延びるために必要な感情さ」

確かに、口うるさい叔母や気難しい姑の間で安全に過ごすために、母が取れる最善の行動が自己犠牲だったのだろう。実際、母は「いい人」として、円満に嫁としてコミュニティになじんでいる。

そんな母は私の生きていくためのひとつの成功モデルだった。

「保身は決して悪いことではない。ただね、それをちゃんと自覚しているかどうかが大事なんだ」

「自覚していること？」

「そう、自己犠牲的に振る舞う自分には、『保身』という本音があること、そして、その先に排気ガスをまき散らす自分がいるということ。それをちゃんと認識しておくこと」

「認識しておくだけでいいの？」

「そうだよ。それだけでいい」

「どうして？　それじゃ、何も変わらないわ。自分を責めて、ちゃんと反省しなくちゃいけない気がする」

「いや、責めなくてもいい。ただ認識するだけでも行動は変わっていくんだよ。無意識に繰り返される過剰な自己犠牲をしなくなるからね。それに、保身に走る理由を考えはじめるから、ちゃんと対策を取るようになる。森尾さんが起点に自覚的になれと言っていたのは、そういうことなんじゃないかな」

なるほど、責めなくてもいいのか……。そういえば、森尾さんから以前同じような話を聞いたことを思い出した。保身は、生命維持のために本能的に必要なもの、まずは保身に気がつくことが大事、と。

「ありがとう。理屈はよくわかったわ。でもね……私、人から嫌われることがやっぱりとてもイヤなの。人の期待に応えられないことは、相手の気持ちを損ねてしまいそうで怖いのよ」

途方にくれた気分だった。

「嫌われてもいいじゃないか。世界中の人に好かれようとするなんて、もともと不可能な話だよ。君はそろそろ、お人好しのいい子ちゃんを卒業する時期だよ」

「いい子ちゃんの卒業……」

それは気が遠くなるほど難しいことのような気がした。

「そう、卒業。何かを選択する場面では、とにかく自分の気持ちを最優先に扱うことにしてごらん。ずっと人生がシンプルになるよ」と夫は言った。

――そんなことができたら、どれほどいいだろう……。

私は湯呑みの中の冷めたほうじ茶を見つめた。

せっかく励まそうとしてくれているのに、彼が期待したであろう、悩みから解放された晴れやかな顔をすることが難しかった。私は申し訳なく感じた。

そうやってぐるぐると回る自分の気持ちに飲み込まれながら、湯呑みを握りしめ考え込んだ。

「そうしたら……、僕は本当の君とやっと出会えそうな気がする」と夫はつぶやいた。

しかし、それは独り言のようなとても小さな声だったので、想いにふけっていた私の耳には届かなかった。

解説　さらなる成長に向かいはじめた青木さん

本章のここまでのところで、ロバート・キーガンの発達理論で言うところの「利己的段階」と「自己主導段階」の違いに関する重要な事柄が紹介されています。

まず、青木さんは自分自身でも自覚しているように、平和主義的なところがあり、周囲との関係において八方美人として振る舞ってしまう特徴があります。これは成人の発達段階においては、どのような段階の特徴だと言えそうでしょうか？

端的には、それは他者依存段階（別名「慣習的段階」）の特性だと言えるでしょう。この段階の特徴は、他者の期待に応えようとする意識が強く、自分の考えや主張を表明することよりも、他者の意見に従順になるというものが挙げられます。まさにこうした特性は、青木さんが現在持っている特性と合致するものだと言えます。それゆえに、現在の青木さんの発達の重心は他者依存段階にあるように思えます。

しかし、私たちは1つの発達段階だけの特性を持って生きているわけではなく、発達段階には範囲があります。青木さんは自分が他者依存的な特徴があるということを理解しているという点、そしてそうした自分から脱却しようとしている点において、次の発達段階である自己主導段階の特性も持ち合わせていることがわかります。

青木さんの夫の言葉の中には、青木さんのさらなる成長につながる洞察に溢れたフィードバックがあります。1つには、「自分はどうしたいのか、ということだよ。相手がどう思うか、ではなくてね」というものです。

これまでの青木さんは、自分がどうしたいかという気持ちを抑圧し、常に相手がどのように思うかを気にかけながら日々を過ごしていました。他者の期待に従順になるのではなく、「自らが自らの主《あるじ》になる」というのがまさに自己主導段階の特徴です。自分が自らの主になるためには、自分が大切にしている思いや考えは何であるかを明確にし、それに基づいて主体的に行動できることが求められます。

「とにかく自分の気持ちを最優先に扱うべきなんだよ」という夫の言葉に対して、青木さんは1つ重要な疑問を投げかけています。「とにかく自分の気持ちを？　そんなことをしたら、わがままで自分勝手になっちゃう」というものです。

この疑問について考えることは、利己的段階と自己主導段階の違いを理解することにつながります。

第2章の最後の解説（「利己的段階」「道具主義的段階」とは）で紹介したように、利己的段階は他者の視点を取ることができず、他者がどのような思いや考えを持っているのかを考慮しないまま自分の気持ちだけを最優先するという特徴があります。しかもその気持ちというのは、自分の利益のためであり、その利益を獲得するために他者を道具のようにみなすという特徴があります。

一方、ここで青木さんの夫が提唱しているのは、そうした利己的な振る舞いではなく、他者の気持ちや考えなどを考慮に入れながらも、それらに飲まれないように自分の気持ちを大切にしていくという発想です。

発達の原理には「含んで超える」という特性があるように、他者の気持ちや考えを把握しながらも、それらに飲み込まれることなく、自分の気持ちや考えを尊重できるようになってくるのが自己主導段階の特徴です。

今の青木さんは、他者尊重と自己尊重の双方を含んで超えていく発想の大切さに気づき、自己主導段階に向かっての一歩を歩みはじめたといえます。

現実の捉え方が雑よ

ピコーン！

通勤電車の中でスマホをいじっていたら、ＳＮＳアプリに、神奈川支社のユミちゃんからメッセージが飛び込んだ。

〝おはよう！　その後いかが？　リーダー職を引き受ける気になった？　昨日、森尾さんがあなたのことを話してたわよ。〟

〝え⁉　森尾さん、私のことをなんて言ってた？〟

私は、ユミちゃんに「おはよう」の返事もせず、いきなり返信してしまった。

陰口を言われてしまったのではないかと不安が走ったからだ。

しかし、森尾さんはそんな人ではない。他人が自分のことをどう思っているのかについて、私は過敏になっていた。

〝ほめていたわよ！　青木さんは周りの気持ちを汲める人だし思慮深い、って言ってたよ。〟

〝あ、あのさ……それって、くよくよと考え込みやすいっていう意味じゃないよね？〟

私は、自分が卑屈になっていることに気がつかなかった。今の私は、「自分の状態を観察する」という余裕をなくしていた。

〝そんなニュアンスじゃなかったよ。だって、彼女はリーダーになったら丁寧なマネジメントをするタイプね、って言ってたもの。〟

私はほっとした。

そして、森尾さんにほめられて、自分の価値がちょっと上がった気さえした。

しかし、つい先日まで、桃井さんたちに陰口を言われて「私なんてだめだわ」と、自分を卑下していたばかりだ。

私という人間は、人からの評価で自分の価値を決めているのだな、と気がついた。

一方、その森尾さんは、自分が周りからどう評価を受けているかなんて、さほど気にせずののびのびとしている感じがした。

私と森尾さんのこの違いはいったい何かしら、と思った。

ユミちゃんからのメッセージが続く。

〝それでね、森尾さんが、あなたとSNSでつながりたいって。気にかけてくれているみたいよ。だから森尾さんにあなたのSNSのIDを教えてもいいかしらと思って、メッセージしたの。〟

〝わあ、いいのかしら。うれしい。もちろん！〟

私は電車の中で飛び上がるほど喜んだ。

電車を降りるころ、早速、森尾さんからSNSに友達申請が来ていた。

〝森尾さん、おはようございます。友達申請をありがとうございます。今、承認しました！お忙しいのに、私のことを気にかけてくださっているとユミちゃんから聞きました。すごく嬉しいです。実は、ご相談したいことがあり、お電話をしようか、支社に訪問させていただこうかと考えていたところだったんです。〟

すると、すぐにこんな返信が来た。

〝おはよう。ちょうどそんなころだろうと思ったわ。きっと、妙に気持ちがもやもやしたり、周りの反応が気になったり、自己嫌悪に陥ったりしているんじゃない？　もしそうだと

したら、それは葛藤ゾーン独特のものよ。〃

葛藤ゾーン！

初めてのことにトライしようとしたら、必ず通る不安定ゾーンだ。私はまんまとその葛藤ゾーンにはまっていたのだ。

〃森尾さん、図星です……。もやもやの沼の中です。〃

〃よかったら、状況をメッセージで送ってみて。あまり頻繁に返信はできないけど、メッセージを読んで私が感じたことをフィードバックしてあげる。でも、就業時間中に送ってきちゃだめよ（笑）。お仕事にはちゃんと集中よ。〃

〃はい、もちろんです。ありがとうございます。まだ始業まで時間がありますので、さっそくメッセージさせてください。〃

〃了解。私は今から1日のプランニングをする時間だから、これで携帯アプリを閉じちゃうの。ランチタイムに読ませていただくわ。じゃあね。〃

私は急ぎ足で会社に向かい、自席に着くと、始業時間までの数十分を使って今自分に起きていることをメッセージに打ち込んだ。なるべく簡潔にまとめようと思ったのに、うまく頭がまとまらず、結局かなり長い文章になってしまった。

ランチタイムになった。

コンビニでおにぎりと野菜ジュースだけ買うと、1人になれる場所を探して腰を落ち着けた。森尾さんからの返信はまだなかった。

その後、数分おきにスマホを確認したが、なかなか返事は来ない。

——だらだらと長い文章を送ってしまったから、森尾さんも戸惑っているかもしれない。ご迷惑だったかもなあ……。

と、私は気をもんだ。

ピコーン！

ランチタイムもあと10分で終わるというところで、森尾さんからメッセージが来た。慌ててアプリを開くと、そこにはメッセージが1行だけ添えられていた。

〝青木さん、現実の捉え方が雑よ。〟

「雑」の文字だけ、可愛くピンクの丸文字に加工してある。

そして、そのあとに続けて、笑顔でウィンクをしている愛嬌のいいパンダのスタンプが届くと、アプリから森尾さんのオンライン表示が消えた。

え……、それだけ？

内心、私は女性同士ならではの、同情と共感の言葉の続くいちゃいちゃとした慰めの言葉を期待していた。でも、森尾さんからのメッセージにその甘さはなかった。

私は一瞬、もやもやの泥の中へ突き落されたような気がした。

――森尾さんのように完璧な人に、私なんかの気持ちはわからないんだわ。

ちょっと拗ねた気分になって、休み時間を使って長文を読み、返信してくれた森尾さんへの感謝の気持ちも忘れ、SNSを閉じようとした。

〝現実の捉え方が雑よ〟

もう一度その一文が目に入った。

「雑って、どういう意味かしら」

私は改めて、そのピンクの「雑」の丸文字を、じっと見つめた。


その日の午後、資料室へ書類を探しに行ったときのことだ。

誰もいないと思ってドアを開けると、書類棚の向こうにひょろりと背の高い女性の人影があった。なんと、桃井さんだった。

私はハッとして、身を固くした。

「失礼します」と、資料室のドアノブを持ったまま、私はとっさに挨拶をした。

そして、すぐに後悔をした。「間違えました」とでも言って、このままドアを閉めてしまえばよかった。

私は仕方なくそのまま入室した。

桃井さんは、私の顔を一瞥しただけで、資料探しを続けた。

――ああ、居心地がわるい……。

私はなるべく自然体を装って桃井さんの横に並び、天井まで壁一面にファイルが並ぶ棚の前で探し物を始めた。

しばらく、バサバサと、ファイルを開いたり、棚から出し入れしたりする音だけが部屋の中に響いた。

「あんたさぁ……」

不意に、桃井さんが話しかけてきた。

びっくりして桃井さんの顔を見た。危うく手に持ったファイルを落としかけた。

桃井さんは、私のほうを向かずに棚に並んだファイルのタイトルを一つ一つ指差して目で追いながら、話し続けた。

「こばちゃんに、なんか意見したんだってぇ？」

どうしよう、こんな狭い部屋の中で私はいびられてしまうのか。私は慌てて言い訳をした。

「ほ、本当に申し訳ありません。ついつまらないことでムキになってしまって、小林課長に失礼なことを言ってしまったような……あの、その」

しかし、桃井さんは私の話を聞き流し、相変わらず棚のファイルに目をやりながら、

「あたしさぁ、それを聞いて、結構やるじゃなぁい、って思ったのよねぇ」と言った。

――やるじゃない？

「あんたぁ、見かけによらず骨があるのね～。ま、こばちゃんはちょっと気に入らなかったみたいだけどさぁ……」

――骨？

「あー、あったあったぁ、これこれ、この子よぉ。やっと見つけた」

桃井さんは、ファイルをこの子と呼びながら棚から目的の資料を取り出し、中身を確認すると、「うん、間違いないわね。ああ、疲れちゃったわぁ。それじゃ、お先にぃ」と言って手をひらひらとさせるように振り、さっさと棚から離れてドアのほうへ向かった。

そして、ドアの前で振り向きざまに、

「そうそう、上のほうの棚を見たかったら、その踏み台を使うといいわよぉ」と、部屋の隅にある青色の台を指差して私に告げると、いつもの気だるい歩き方で、資料室を出ていった。

「あれ？　今、ほめられた？」

私は手にファイルを持ったまま、そこに立ち尽くした。

未知なることへの耐久性をあげるコツ

「ああ、なーんだ……なぁーんだ」

1人残された資料室の棚の前で、私はつぶやいた。

何か、キツネにつままれたような気分でしばし呆然とした。自分で自分にかけていた悪夢の魔法がみるみる解けていくような感覚に陥った。

そして、今度は笑いが込み上げてきた。

「あはは。なんか、私ってばバカみたい。勝手に思い込んで、勝手に悩んで……まるで妄想を見ていたようなもんじゃない」

ハッと気がついた。

「そうか、これが、現実の捉え方が雑という意味なのね」

「いつも自分の状態を観察すること」と森尾さんがアドバイスしてくれた。余裕をなくしていたここ数日、私はそれができなかった。

今なら、冷静に自分の状態を観察できる。

私の頭の中には、この数日間ずっと桃井さんがいた。その桃井さんは、私をからかい、あざ笑う意地悪な女性だった。それは私自身が作り出した架空の桃井さんだった。

帰り道、会社を出るとすぐにスマホを取り出してＳＮＳをチェックした。

森尾さんからメッセージが入っていた。

〝現実に起きていると思い込んでいる9割が自分の勝手な解釈、つまり自分の推測の中で作ったストーリーや意味付けで、たった1割だけが事実だ、なんて言われていたりするわよ。人は思い込みの中で右往左往して生きているものなのね。その9割に振り回される人生はしんどいわよ。1割の事実にだけ対応する、と決めると、人生はシンプルになる。さあ、自分の状態をよく観察するべし。〟

まさに私のことだわ。シンプルに……って、夫にも言われた言葉だわ。ああ、私ってめんどうくさい女なのね……と、少し自嘲的な気分になった。

――あっ、森尾さんの秘密がわかった！、と思った。

先日神奈川支社へ行ったとき、石田部長の慌ただしい呼び出しに、落ち着いた様子で席を外した森尾さんのことを思い出した。

ユミちゃんは、そんな森尾さんのことを「未知なことへの耐久性が高い」と表現していた。腹の据わった様子と、堂々とした落ち着きを見て、どうしたらああなれるのだろうと憧れた。

森尾さんはきっと、自分が事実だと思い込んでいることが本当に事実なのかをよく確認して、現実を見ているのだと気がついた。

私のように、そのあたりの観察があいまいだと、自分で作り出した妄想に自分で傷つく。その妄想が生み出した感情に飲まれ、やっかいなことにその感情は次のドラマを生み出す。そうして思い込みを強化し、だんだん事実のような気がして抜け出せなくなり、見事に悲劇の主人公になってしまうことがあるのだ。

未知なことや曖昧なことへの耐久性が高いとは、自分の内側のドラマと、外で起きている現実にはズレがあることを知っていて、しっかり境界線が引けることなのだ。

〝森尾さん、確かにその解釈から妄想ストーリーにはまって、１人で悲劇のドラマに入り込んでいました。どうしたらその9割に捉われなくなれますか？〟

と、打ち込んで森尾さんへ返信した。

すぐに既読マークがつき、返信メッセージが来た。森尾さんは帰宅のための電車の中なのだろうか。

〝事実と解釈の境界線の引き方はたくさんあるわよ。でも、その前に青木さんに質問ね。今回のことで何か気づいたことはあったかしら？〟

そうだ、森尾さんは丸投げ質問は1回差し戻す、と言っていた。

〝はい、あります。悲劇のドラマから抜け出たら、意地悪な人だと思い込んでいた相手がみるみる魔法が解けるかのように変わりました。つまり、本来のその人の姿が見えたからだと思います。これからは、誰かのことをイヤな人だと思ったとき、もしかしたらそれは私が作り出しているその人の姿かもしれない、といったん棚上げにしたほうがいいと思いました。〟と、私は一気に打ち込んだ。

〝いいわねえ。素晴らしい気づきね。そういう認識を持つことは、事実以外の9割に捉われなくなるための非常に大事なポイントね。じゃあ、簡単な方法をいくつか教えるわね。

まずは、自分の中に推測の言葉（「たぶん」とか「きっと」とかね）が浮かんだら、気をつけること。それは、「1人ドラマ」が始まるサインだから。

でもね、もし、すでに頭の中でドラマが始まっちゃって、それが事実じゃなくて解釈や推測だとわかっているのに飲み込まれそうになっていたら、「これは嘘。これは事実じゃない、まだ起きていない」と、ちゃんと自分に言ってあげるのもかなり効果的よ。あとは、そのドラマで起きていることをこまかく箇条書きにして紙に書き出すのもいいわよ。左半分には事実を書き、右半分に解釈や推測を書く。それを仕上げて眺めると、ほとんどが自分の勝手な解釈や推測だと気がついて、ちょっと笑えちゃうの。〃

〃なるほど。自分に言い聞かせたり、紙に書いたりなんて、すごく具体的なやり方があるのですね。〃

〃まあ、私も今は紙に書き出すまではやらなくなったけど、1人ドラマに巻き込まれやすかったころはとても効果的だったわね。ほかにもやり方はあるから、また教えるわね。こういうのは心の癖のトレーニングみたいなものなの。左利きを右利きにするみたいなことよ。ちょっと訓練はいるけど、根気よく数か月から1年くらい意識していたら、事実と解釈の境界線を引くことがきっとうまくなるわ。〃

〃森尾さんもドラマに巻き込まれやすかったのですね。〃

今の森尾さんからは考えられない。

〃ええ、もうシェイクスピア並みに壮大な森尾劇場を頭の中で展開していたわよ（笑）〃

と返信が返ってきた。森尾劇場、という表現に、私は吹き出してしまった。確かに私もここ数日は悲劇の青木劇場を脳内で大展開していた。

森尾さんがかつて1人ドラマに巻き込まれやすかったことは意外だったが、よく考えると、このように私のことを気遣ってSNSアプリで繋がってくれようとする人だ。話しているときも気さくさの中に繊細な気遣いを感じる。

もともと細やかに人に気を遣い、相手の気持ちを推測し、慮るタイプだったのだろう。ならば、きっと若いころは私と同じように、事実と解釈や推測の境界線を引くのが難しかったかもしれない。今のように腹の据わった女性リーダーになるまでに、周りへの配慮や未知なることに人一倍悩み、このように地道な工夫をいくつも試して乗り越えてきたのだろう。

メッセージは続いた。

〝そして、ちょっと勇気がいる方法もあるわ。それはね、解釈にとらわれていることに気がついたら、ちゃんと事実を確認するということ。人が自分をどう思っているのか心配なら、本人に思い切って尋ねてみる。「お気を悪くされていませんか？」などとね。〟

胸がドキドキした。私にできるかしら。

〝確かに、勇気がいりますね。〟

〝でもね、自分が見ているドラマに勝てるのは事実だけよ。どんなに強い思い込みにはまっていても、事実に触れるとあっという間に氷解するものなのよ。魔法が解けるみたいに。〟

まさに、今日の私に起きた出来事だった。

〝境界線が引けないほどの悲劇ドラマにはまったら、悶々と考え込んでいないで動くしかないってことですね。〟

〝そう、行動は頭で考え込んでいるよりも何倍も早く物事を解決してくれるからね〟

よし、小林さんと話してみよう、と、私は思った……が、

――ああ、でも、やっぱり怖いな……。

ずっと人との対立を避けてきた私だ。相手と面と向かって話すなんて……ワクワクは枠の外に、とはいえ、私にとってはあまりに大きな枠の外だ。

そこで私は、森尾さんとお話しする機会を作ってもらえないかとお願いをした。

〝いいわよ、ゆっくり話しましょう。そして、青木さん、決して焦らなくていいからね。まずは自分の内側の観察から。事実と解釈や推測の仕分け作業からで大丈夫。そんな小さな一歩から変えていこうね。じゃあね！〟

私の気持ちを見透かしたかのようなメッセージが届いた。

やっぱり、森尾さんって、とても繊細な人なんだ、と私は確信した。

解説 成長のプロセスで起こること&さらなる成長に向けた実践の要諦

最初に、青木さんと森尾さんとのやり取りから、成長のプロセスに必ず起こることを見

ていきましょう。

私たちは成長を遂げていくときに、「健全な自己批判」という現象を経験します。これは、これまでの自分の行動を批判的に検証しようとする態度やこれまでの自分の発想の枠組みを疑うという現象として表れます。言い換えると私たちは、これまでの発達段階の自分と決別する形で次の発達段階に向かっていきます。

森尾さんは、青木さんの現状を「葛藤ゾーン」と表現しています。これは非常に的を射た表現です。

なぜなら、私たちはこれまでの自分の行動や発想の枠組みを健全に否定していく際に、必ず葛藤を内側に抱えるからです。この葛藤は特に、これまでの発達段階と次の発達段階の間で板挟みになっているときに強く感じられます。

本章の1つめの解説で紹介したように、青木さんは他者依存段階と自己主導段階の間で揺れており、なんとか他者依存段階を脱却して自己主導段階に到達する方向に向かっている最中です。こうした2つの段階に板挟みになり、安全地帯として存在していたこれまでの発達段階から次の発達段階に向かっていく際に、葛藤は強いものとして表れます。

それでは、そうした葛藤はどのように乗り越えていくことができるのでしょうか？

その方法は、まさに森尾さんの助言の中にあります。

最初のステップとして、自分がいったいどのような思い込みに基づいて現実を認識しているのかを把握することが大切になります。思い込みをすることは決して悪いことではなく、人は思い込みをすることを宿命づけられた生き物だと言えます。

しかし、思い込みに対して盲目的になるのではなく、思い込みを認識し、それを検証していくという姿勢がさらなる成長に求められます。

発達段階が高度なものになっていくと、自分の内側の認識世界が豊かになっていきます。森尾さんの『現実の捉え方が雑よ』という青木さんへのフィードバックは、まさにこの点と関係しています。

私たちは、自らの思い込みが何かを特定し、それを検証していくことを続けていくことによって、徐々に認識世界が豊かなものになっていきます。

また、そうした検証を継続していけばしていくだけ、複雑な現実世界をその複雑さに押し潰されることなく現実を正しく把握していくことができるようになってきます。

最後に、森尾さんが『でもね、焦らなくていいからね。まずは自分の内側の観察から。事実と解釈や推測の仕分け作業からで大丈夫。小さな一歩から変えていこうね』という言葉を青木さんに投げかけています。

この助言は成長の肝と関係しています。私たちの成長は、早急に成し遂げられるものではなく、それは植物の成長のように、緩やかに進んでいくという特徴を持っています。さらなる発達段階に向かっていくときに重要なことは、緩やかにそこに向かっていくことにあります。

上述のとおり、成長には葛藤が不可避であり、既存の自己から脱却していくことは非常に過酷なプロセスです。そうした過酷なプロセスの中にあって、自己や他者の成長を急がせることは、成長を阻害することにつながってしまうでしょう。

また、発達とは未知なものへ向かっていくプロセスでもあります。次の発達段階に待つ自分は今の自分からは想像もできないような自分です。

葛藤を乗り越えていくためにも、未知なる自己に向かうためにも、成長を急ぐことなく緩やかに歩みを進めていくことが大切です。

そのときに、森尾さんが指摘するように、自分の思い込みを洗い出し、そこから徐々に行動を伴った形で思い込みを検証していくことが大切になります。

まるで初めて海に入るかのように、洗い出された思い込みは一歩一歩ゆっくりと検証していけばよいという意識を持ち、行動と検証を焦らないことがさらなる成長のカギを握ります。

青木美智子の学びノート 3

□自己犠牲をしている自分に気がつく。

□解釈の「1人ドラマ」にハマらないコツ

- 推測の言葉（たぶん・きっとなど）が浮かんだら、気をつける。
- 「これは、『事実』じゃない『解釈』だ」と自分に言い聞かす。
- 見ていることを事実と解釈に分けて、紙に書き出す。
- 思い切って確認をする。

第4章

正しいリーダーになろうとしない

――発達プロセスの「譲れない理念」

管理職だった女性先輩の転身先

思いがけない人に再会した。

週末、私と夫は郊外のショッピングモールに出かけた。モールは先月オープンしたばかりでよく賑わっていた。専門店街を歩いていると、呉服店の前でチラシを渡された。

着物と言えば夏に浴衣を着る程度だが、来店プレゼントの名刺香に惹かれ立ち寄った。

名刺香とは白檀《びゃくだん》や芍薬《しゃくやく》などのお香が入った名刺半分サイズの小さな封筒で、それを名刺入れの間に挟んでおくと、名刺に香りがやわらかく移る。以前、事務用機器会社の女性営業担当者と名刺をやりとりしたときに、ふんわりと香る名刺を渡された。ホッとする香りだった。そこで、名刺香の存在を知った。

「女性の方と名刺を交換するときは、名刺香を挟んでいるものをお渡しするんです。お話が盛り上がるので」と彼女は言った。

確かに、私は彼女とお香の話でひとしきり盛り上がった。

店に入ると、入り口で小さな名刺香が入ったぽち袋をもらった。私の好きな香りだった。そっと一息その香りを楽しむと、カバンの内ポケットにしまった。

店内を見回すと、感じの良い着物や帯が並んでいた。ここは全国にチェーン展開しているお店のはずだが、安っぽさはなく、まるで着物のセレクトショップのようだった。

小物コーナーもあったので、普段づかいもできそうな小さな和装用のバッグや綺麗なべっ甲の髪留めを手に取って見ていた。

「西園寺さん……？」

ふと、小物コーナーの脇で接客をしている女性従業員を見て、私はつぶやいた。

それは、3年ほど前にご家族の介護を理由に会社を辞めた管理職の女性だった。

だが、彼女の雰囲気は当時から大きく変わっていた。

会社にいたころの西園寺さんは、髪をひとつに結び、化粧気がほとんどなかった。プレイングマネジャーである管理職の仕事が大変だったのだろうか、いつも眉間にしわを寄せ、口角を下げ、怒ったような困惑したような硬い表情をしていた。いつも無言で机に向かってカリカリと仕事をこなし、仕事の進みが遅い部下にはチクリとくぎを刺す神経質な女性課長、というイメージだった。

しかし、接客をしているこの女性は、綺麗に着物を着付け、結い上げた髪には真紅の珊瑚玉がついた簪《かんざし》を挿していた。

和装にふさわしい品のいいメイクを施し、反物の染めや織りの素晴らしさを落ち着いた口調で雄弁に語っている。やや低いその声は信頼感と説得力を感じた。

きびきびした動きは会社員時代のものと変わらないが、着物や帯締めを客に見せる手つきは美しく、商品への尊重を感じる。叩きつけるようにキーボードを打ち、バサバサと音を立ててファイルを引っ張り出していた彼女とは大違いだ。

「あなた、書店を覗きたいって言っていたわよね。あの女性、会社を辞めた先輩だと思うの。ちょっと声をかけてみたいから、よかったら一足先に行っててもらってもいい？」と私は夫に言った。

「いいよ。先輩って、あの女性かい？　へえ、綺麗な人だね」

夫はちらりと私が目をやったほうを見てそう言い、呉服店を出て言った。西園寺さんは彼女より10歳以上も若い男性の目から見ても魅力的な女性になっていた。

しばらくすると客が途切れ、西園寺さんの手が空いたようなので、声をかけた。

「西園寺さん……、ですよね？」

「え？　はい。まあ！　あなたは、えーっと……」

「青木です」

「そうそう、青木さん！　お久しぶりねぇ！　いらっしゃいませ」

西園寺さんは、会社では見たことがなかった笑顔をふりまいてくれた。

「驚きました。ご家族の介護で会社を辞められたとうかがっていたので、まさかこんなところでお会いするとは」

「まあ……、ええ、いろいろとね」

ちょっと含みのある言い方が気になった。

「ところで、最近会社のほうはどう？」と話を振られた。

西園寺さんが元管理職だったこともあり、私はこの話を切り出した。

「それがですねえ、西園寺さん。会社は、女性の管理職を増やす動きが活発になってきているようです。それで、私も先日上長から将来の管理職候補の打診を受けたのですが、私には無理なんじゃないかって、今すごく悩んでいるところなんです」

すると、西園寺さんの笑顔は慰めるような、寄り添うような顔になった。

「そう……。どういうことで悩んでいるの？」

私は簡単に今の迷いについて話をした。西園寺さんはちょっと思案してから、

「青木さん、よかったらお茶する時間はある？　わたしはこの後に休憩時間に入るの。私の経験でよかったら、お話しするわ。まあ、失敗談なんだけどね」

思いがけない申し出だった。

「お時間をいただいていいんですか？　それはとても嬉しいです。ぜひお願いします」と、私は飛びついた。

夫にその旨をメールで連絡すると、先に帰って夕食の支度をしておくよ、と返信が来た。

西園寺さんに指示されたのはショッピングモール１階の珈琲専門店で、私はおしぼりとお水を前にして待った。

――失敗談っておっしゃっていたわね。西園寺さんって、管理職としては立派に役割を果たしていらっしゃったイメージなんだけどなぁ。

西園寺さんを待ちながら、彼女が会社からの評価は悪くなかったことを思い出していた。

しばらくすると、着物姿の西園寺さんが現れた。

「おまたせ」

と言って、西園寺さんは軽く着物をつまんで裾をあげ、すっと椅子に腰を滑らせた。着物の着こなしだけでなくその身のこなしも洗練されており、私はちょっとうっとりした。

「西園寺さん、お着物姿がとてもお似合いですね。それに仕草もすごく素敵で……。実は先ほどお店でお見かけしたとき、会社にいらしたころと雰囲気が違ったので、ちょっと驚きました」

西園寺さんは笑って、

「ありがとう。昔から茶道を習っているから着物には慣れているの。祖母が茶道の師範だったのよ。作法を厳しく躾けられたわ。だから、着物を着ると自然と仕草が変わってしまうのかもしれないわね」と言った。

客が2人揃ったところを確認し、ウエイトレスがメニューを運んできた。

「わたし、コーヒーにはちょっとうるさいのよ」と、西園寺さんが勧めてくれたコーヒーをオーダーした。

豆から挽いて飲ませてくれる珈琲店なので、出てくるまで多少時間がかかった。最初に出されたお水を飲みながら、私たちはおしゃべりを始めた。

「西園寺さん、いつから呉服店の販売員になられたのですか？」

「2年半くらい前かしら」

「え？　2年半？　ご家族にご支障はなかったのですか？」

西園寺さんの退職はたしか3年前だ。

すると、西園寺さんは少し言いにくそうに告白してくれた。

「実はね……あれ、嘘なの」

「え……！　嘘？」

「まあ、嘘というか……家族の体調が悪かったのは本当よ。でも短期的なものだったし、会社の休暇制度を活用したら、十分続けられたと思うわ」

「じゃあ、なぜ……？」

すると西園寺さんは少しためらいがちに言った。

「もう、あのころの私は管理職として限界だったのよね……」

西園寺さんは少し視線を下ろして自分の手を握りしめた。

管理職になるおもしろみと喜び

「やっぱり、管理職は大変なんですか……」

西園寺さんの様子を見て、私は軽い絶望感のようなものを感じた。

「あ、ううん、違うの。大変は大変かもしれないけど、しっかり向き合うと、やりがいがあるわ。実際、私も管理職になったばかりのころ、大変な中にもおもしろみや喜び、そしてメリットをいくつも感じていたわ」

西園寺さんは顔を上げてそう答えてくれた。

「そうなんですね。それはどんなおもしろみや喜びですか？」と尋ねた。

「まず、課長会議などに出るようになって、やっと会社の方向性が見えるようになってきたことは本当に新鮮だったわ。そのときやっている仕事の意味がわかるようになったの」

「仕事の意味、ですか？」

「そうよ。ほら、役職につく前は、上司から指示命令を受けたことをやるだけじゃない。だから、何のために目の前の仕事をやっているのか、なぜいろんな指示が下りてくるのか、イマイチピンと来ないまま業務をやってもそれなりに回っていくから、まあこれでいいか、となっちゃうわよね」

「はい、確かに今の私はそうです。でも、仕事ってそういうものだと思っています」

「私もそうだったわ。でも、いざ役職者になってみると、今の仕事がどこにどうつながっていて、ということがよくわかるようになって、おもしろくなったりする。言われたことをただこなせばよいというのは、一見楽なことに見えて結構ストレスなのかもね」

「確かに、仕事のおもしろみって、自分なりの工夫や心遣いを乗せるときにぐっと増す気がします。そして、役職者になると、仕事や会社の施策の意味がよくわかってくるんですね」

そういえば、会社はなぜ今、女性管理職を増やそうとしているのだろう。それが会社にとってどんな効果があるのだろう。

そのあたりも、役職につくと理解できたりすることなのだろうか。役職が上がると視界が広がるとか景色が変わる、などとよく言われるが、それはそういうことかもしれない。

それを伝えると、

「そうそう、視界が広がるわよ。まず、参加する会議が変わるでしょ。今まで課内の会議だけだったのに、課長やさらにその上の役職者が集まる会議に出ることになる。話し合う相手が変わるから、入ってくる情報が変わるし、彼らの視点に触れることができるから、それまでとは全く違う視点が得られておもしろかったわ」と、西園寺さんは言った。

「それまでとは全く違う視点、ですか？」

「そう。権限がある人のための会議なのだから、やはりちゃんと組織内で判断する側の視点からの情報が入ってくるのよ。1つの施策や社内システムなどを取り上げ、それは何のため、誰のためのものなのか、どこにどう影響を与えることになるのか、来年、再来年への波及効果はどうなるのか、なんてことを検討したりするの。だから一気に会社の中の景色が変わる。それはなかなかおもしろいことよ」

西園寺さんは何度もおもしろいという言葉を繰り返した。私は、会社に就職して10年近くになるが、いまだ未知な世界が会社の中にあるのだと感じ、ちょっと興味を持った。

「それにね、自分で全体の業務をコントロールする側になれるから、仕事の融通を利かせやすくなる。だから、人に振り回されてしまうストレスは減るわね。これは役職を引き受ける上では大きなメリットかもしれない。特に家庭の義務を抱えがちな女性にはいいでしょうね」と、西園寺さんは続けた。

森尾さんが部署内のメンバーに働きかけて、長期休暇が取れるよう仕事のやり方を工夫したことを思い出した。関連する他部署との連携も調整しなくてはならず、権限のない平社員では無理だろう。

小林さんの東野君への仕事の振り方は強引と感じるが、森尾さんのように上手に業務をコントロールすることができるなら、それは悪くない話だ。

「もちろん、仕事をコントロールする側の責任も出てくるからそれは引き受けないといけないけどね。ほかにも、部下の成長や頑張る姿に出会えるのも、嬉しいものかもしれないわよ」

「なるほど……。やってみないとわからないことも多そうですね。ところで、そんなにおもしろみを感じていらっしゃったのに、どうして西園寺さんは管理職が辛くなってしまったんですか？」

管理職が辛くて辞めたと言う割には、私に管理職をあきらめてほしくないかのように語ってくれる西園寺さんを少し不思議に思い、私はそう尋ねた。

「それはね……」

西園寺さんは少し伏し目がちになり声のトーンが下がった。

そして、

「私は、失敗をしたのよ。リーダーシップを取るうえでの、大きな勘違いをしていたの。それが勘違いだったって、会社を辞めてから気がついた。もっと早く気がつくべきだったけど、私は未熟だったのね。リーダーやリーダーシップというものを何もわかっていなかったわ」と言った。

「そうだったんですね」

「ええ。だからさっき言った管理職のおもしろみも、今だからこそ言えることよ。あのころはまだ考えが足りなかったわ。管理職の打診を受けているとあなたから聞いて、私の経験があなたの役に立てるのではないかと思ってお茶に誘ったの」

「西園寺さん、お気持ちがすごく嬉しいです。ぜひ聞かせてください。その失敗とはいったいどういうものだったんですか?」

すると西園寺さんはこう答えた。

「それはね……、正しいリーダーになろうとしたことなの」

そのとき、香ばしい香りを漂わせて、挽きたてのコーヒーが2つテーブルに運ばれた。

西園寺さんはその香りを吸い込み深いため息をつくと、ぽつりぽつりと語りはじめた。

それは、次のような話だった。

《管理職としてのつまずき――西園寺さんの回想》

「みんな、どうしてわからないのかしら。どうして当たり前のことをちゃんとできないのかしら。はあ……、もうやりきれないわ」

私はふてくされていた。

管理職として、会社の方針、他部署の業務の流れなどを考慮し、あれこれ気を回して最善であると思ったやり方を選び、部下に仕事を割り振っていた。しかし、部下たちはこちらの思いどおりに動かない。

いや、違う。思いどおりに動かないのではない。こちらが言ったことしかやらないのだ。

昨日も、部下に任せた管理フォーマットが出来上がってきたのだが、項目の並べ方の要領がどうも悪い。こちらが指示した項目がただ並べてあるだけで、運用後は状況に応じてソートをかける可能性があることまで配慮できていない。ちょっと考えればわかることだ。そのくらいの工夫は思いつかないものなのか。

「言われる前に動く。1つの仕事に1つの工夫を入れる」

そう新入社員研修で教えられた。それを誠実に実行し20年もやってきた。おかげで、よく気が回る正確な仕事ぶりを高く評価されたものだ。

しかも、期限ぎりぎりに提出してきたので、指導して直させる時間がない。結局、最後は私がやることになる。普通、期限の1日前には提出すべきだろう。私は、提出前に2回は見直し、提出後に差し戻しが起きる可能性を含めて、締め切りの1日前には提出するようにしている。

「そうよ、仕事ってそもそもそういうものじゃない。どうしてみんな自分の頭で考えて動かないのかしら。当たり前のことができないのかしら」

私はいらいらした。しかし、「上司は部下に対し、感情的になって叱ってはいけない」と、新任管理職研修で学んだ。

なるべく感情を抑え、「仕事は提出期限当日に出すものじゃないことは、当然わかっているわよね」と遠回しに戒めてみるが、本人はぽかんとしている。それどころか、嫌味な上司にいびられると愚痴を言っていると小耳にはさんだ。

――まあいい。私は間違ったことはしていない。上司として、部下の不備な点を指摘したまでだ。

管理職になってからは、今までのようにただ正確なだけの業務に対して評価はされなくなったとはいえ、関係各所への配慮や部下への仕事配分、また部下に対するこういった私の気遣いを、誰も気づかない。だから、部下からの感謝も、上司からのねぎらいの言葉もない。みんな、いつもどこか私の顔色を窺っている気がする。

私は課長でありながら、課から浮いていた。

「あぁ、嫌だなぁ。そもそも、私は管理職なんて向いてないのよ。人をまとめていくより、1人でじっくり仕事に打ち込むほうが性に合っていたのよ」

でも……そんなことを言っていても始まらない。ふてくされないで、ちゃんとやらなくちゃ。引き受けたのは私なのだから、精一杯、真面目に役割を務めなくては。

ある日、会社から通達が来た。

残業削減活動の一環として、20時になるとパソコンの電源が自動的に落ちることになった、というものだった。

当然、部下たちから大反発が起きた。特に大きなプロジェクト案件を抱えていた若手男性部下の1人が強く反発した。

「そんなやり方をしても、結局自宅に持ち帰ってサービス残業になるだけじゃないですか！」

「上からの通達なんだから、仕方ないでしょ」

「何とかならないんですか！」

「無理よ。全社で決定したことだもの。それに、与えられた環境でなんとかするのが仕事ってものよ。特にあなたは日ごろから仕事をぎりぎりで回しているから、これを機にやり方を考え直すべきよ」

彼は以前から何度も仕事のやり方について、私から指導を受けている。活発なタイプだが、どこかいい加減さを感じるその仕事ぶりが私は気に食わなかった。

正論を突きつけられ、彼は黙りこんだ。

「仕事は与えられた環境でなんとかするものだ」という教えは、30代の前半に所属していた部署の上司が言っていた言葉だ。その部署は業務の性質上、どんどん状況が変わる部署だった。

私は必死で環境に自分を適応させて乗り越えてきたのだ。

私の細かい部下の時間管理が功をなし、我が課は20時以降の残業が激減した。

ある日、ちょっとした事件が起きた。

例の若手男性部下が、会社から持ち出したデータを紛失した。持ち出し厳禁のデータだったのだが、どうしても納期に間に合わせなくてはならない業務があったらしい。残業ができない環境でどうしようもなくなり、内緒で持ち出した。社内の対応でなんとかそのミスはフォローできたが、私は彼の軽率さが許せなかった。

「ちょっとあなた、どうして黙ってデータを持ち出したりしたの？　しかも紛失するなんて、いったい普段からどういう管理をしていたの？　どうしてこんな当たり前の決まりを守れないの？」

課長席に彼を呼び出し、私は立て続けに詰問した。感情的にならないようにと思ったのだが、つい声が大きくなってしまった。

ミスを犯してしまった若い彼は、檻の隅っこで身をすくめるハムスターのように肩をすぼめ、「でも……」と言いかけた。

「何？　また言い訳？」

「っていうか、あの……」

彼の言葉を遮り、私は続けた。

「あのね、やむを得ない事情があったのもわかるけど、まず上司に相談するのが筋でしょう。それに、どうしても片付かなかったなら、仕事の持ち出しはあきらめて朝の時間に早く来ることを選ぶべきよ。実際、ここ1週間くらい、私は朝の6時半には出勤しているわよ。でも、この1週間であなたを朝に見かけたことはなかったわ。なぜ、朝来てやろうって発想がなかったの？　普通そうするでしょ？」

彼は顔を真っ赤にして黙りこくった。

私にはそれが反抗の態度に見えた。

「私の言ってることは何か間違ってる？」

謝罪の言葉を言わせようと、私は追い打ちをかけた。

すると……、

「……僕、西園寺課長の下では働けません」

彼は下を向いたまま、絞り出すような声でそう言った。

「え？　何を言っているの。論点がずれてるわよ」

彼は赤くなった顔を上げて、今度は早口ではっきりとこう告げた。

「もう、いいです。今回は本当に申し訳ありませんでした。あとで始末書を書きます。これで失礼します。ちょっとアポがあるので」

そして私に一礼して話を勝手に切り上げ、オフィスを出て行ってしまった。顔だけでなく、眼までが赤く充血していることに、私は気がつかなかった。

その様子を遠目で見ていた部長が、

「西園寺君、ちょっと」と言って、私を応接室に連れて行った。

「西園寺君、あれはまずいよ。もうちょっと考えて部下とやりとりをしないと」

部長はこちらの見解も聞かず、いきなり私をたしなめた。

「待ってくださいよ、どういう意味ですか？　私、何か間違ったことしましたか？　あれは彼のミスですよ」

「まあ、確かにそうなのだが……でも、いや、君」

「私のどこがいけないっていうんですか？　彼はまだ若いんです。今のうちから正しい仕事との向き合い方を教えなくてはならないんです。これはコンプライアンスの問題です。今回はまだ大ごとにならなかったからよかったものの、今後取り返しのつかないミスを犯すかもしれないじゃないですか」

「いや、だから、それはそうなのだが」

「わかっていただければ結構です。では、失礼します」

話を切り上げ、今度は私が上司の前から立ち去った。

次の日の朝、彼は辞表を出した。止める間もなかった。

正しいリーダーから理念に立つリーダーへ

「え？　彼は突然辞めちゃったんですか？」

私は驚いて言った。

「最初は私も驚いたわ。若気の至りとはいえ、まさか、いきなり辞めてしまうなんて。でもね……、今思えば、当然だったのかもしれない」

西園寺さんは少し俯き加減になりながら、切なく遠い目になった。彼女は自分の痛みの一番深い部分に触れながら、話を続けようとしてくれているのだと私は感じた。

「後で知ったことなんだけど、だいぶ前から、私への不満が溜まっていたようなの。今思うと、彼はチャレンジングなことをどんどんやっていきたいタイプで、もっと自由にやらせてあげたほうがよかったのね。そういうタイプは多少のミスをしたとしても、大きな可能性を広げていける貴重な存在だったのに、細かく管理する私の下で、相当窮屈な思いをしていたと思うわ。我慢が爆発してしまったのね」

低めの声でゆっくりと語られる言葉は冷静だった。自分の失敗から目をそらさず直視している人の話し方だと感じた。

「それでね、結局会社は彼が辞めた翌週に、『強制的な制約はかえって現場を混乱させる可能性があることを懸念した』として、20時以降にパソコンの電源を落とすという施策を撤回したのよ。でもそれは、会社の方便よ。私のマネジメントのやり方に直接苦言を言えなくて、施策自体を取り下げちゃったの。ま、もともと強制的な施策で残業という社風を変えようなんて考えが甘かったのだと思うけど……」

そこまで語ると、西園寺さんはコーヒーカップを口に運んだ。込み上げる何かを、コーヒーと一緒に飲み込んだように見えた。

そして、ほっと溜息をついてから続けた。

「あのときは……、本当にショックだったわ。部下からも会社からも自分が全否定された気分になっちゃってね。私は、ただ真面目に自分がやるべきことを全うしよう、与えられた任務を正しく遂行しようと、それだけだったのに、どうしてわかってくれないのって思ってね。そのあとの私は、自分がどうリーダーシップを取ればいいかわからなくなった。多忙と心労が重なって、心がぽきって折れてしまいそうだったわ。そんなとき、たまたま家族が体調を崩したことを理由に数日会社を休むことになり、そこで退職を決意したの。何もかも全部投げ出してしまいたくなってしまったのよ」

そうだったのか。

会社にいたときの西園寺さんの切羽詰まったような表情や、とげとげしい雰囲気は、彼女が信じていた正しさをなんとか貫こうとしている必死さの現れだったのだ。

私は、あのころの西園寺さんの険しい表情の奥にある、一徹さや自分を律する凛々しさに触れた気がした。

それは、とても美しいと感じた。

「大事なお話を聞かせてくださってありがとうございます。西園寺さんが『正しいリーダーであろうとした』とおっしゃった意味がわかりました。そして西園寺さん……、周りから否定された気分になったとおっしゃいましたが、少なくとも私は、西園寺さんのお仕事への真摯さを感じて尊敬しました」

それを聞いて、西園寺さんは目を潤ませた。そしてコーヒーをまた一口飲むと、軽く目頭を拭った。

「青木さん、ありがとう……。そう言ってくれて本当にありがとう。あんな形で会社を去ることになったけど、私は新卒から大事に育ててもらったあの会社に感謝していたし、会社が好きだったのよ。何かすごく救われた気分だわ」

西園寺さんは、本当に義理堅く誠実な人なのだなと感じた。

「でもね、私があなたにどうしても伝えたかったことは、そのことではないの。私が伝えたかったことはね、正しいリーダーになろうとしちゃだめよ、っていうこと」

西園寺さんは再度『正しいリーダー』になる警告を重ねた。

「青木さん、リーダーになるなら、正しいリーダーではなく、理念のあるリーダーになるのよ。自分の中から生まれた理念、自分の言葉で語れる理念よ」

「自分の言葉で語れる理念……？」

「そう。外側にある正しさに依存した『正しいリーダー』は、間違ったリーダーシップを生み出すわ。目指すべきは自分なりの譲れない理念を持ったリーダー。それができたら、誰でも良いリーダーシップを発揮できるわ」

自分なりの譲れない理念。

それは、以前森尾さんに相談したことがある、「自分らしいリーダーシップとは何か」のヒントかもしれない。

「理念とは、言い換えると『自分の願い』という意味ですか？」

森尾さんに聞いた言葉をそのまま伝えてみた。

「そう、自分の願い。リーダーとしてどんなチームを作りたいと願っているのか、仕事を通してどんな社会を作りたいと願っているのか、自社の商品を通してお客様にどうなってほしいと願っているのか。そんなものが理念よ」と、西園寺さんは言った。

そして、ちょっと表情を崩してこう言った。

「なんて、偉そうなことを言っちゃったけど、実は私も今の呉服チェーン店に勤めるようになってからそれを知ったのよ」

「そうだったんですか」

「ええ。私は会社を辞めてからしばらく旅に出たりして体と心を休めていたの。ある日、福岡にある博多織工芸館を訪ねる機会があって、それがすごく興味深かったの。そこで私は、自分は着物が好きだったことを思い出したのよ。

旅から戻り、久しぶりに着物を着てみたりするうちに、好きなものに囲まれていたら、気持ちも晴れるかもと思って、近所にあった前のお店でアルバイトを始めてみたの。そこでたくさんの着物に触れるうちに、改めて着物の美しさや職人さんが手掛けた技術の素晴らしさを再確認してね。

私はもともと凝り性なところがあるから、休みの日は毎週図書館や博物館に行ったり京都まで足を運んで仕入れ先の職人さんの工房にお邪魔したりして、着物やその歴史について夢中になって学んだわ」

西園寺さんの声が弾んできた。本当に着物が好きなのだなという気持ちが伝わり、なぜかこちらまでワクワクしてしまう。

「着物への造詣が深くなると、お店に置いている着物や本店から届く新しい商品を見るのが本当に楽しくて仕方なくなってね。お客様がいないときも、陳列整理や商品出しをしながら、帯の刺繍や精密な手作業の施された反物なんかをうっとりと眺めていたの。すると、そのときの女性の店長が『あなたは着物を扱う資格があるタイプね』と言ってくれたわ。どういう意味ですか？　と尋ねたら、着物への愛があるって言ってくれたの」

「わあ、なんかステキなほめ言葉ですね」と私は言った。

「ええ、尊敬する上司だったから、なおさら嬉しかったわ」

「どう尊敬していたのですか？」

「彼女には素晴らしい理念があったのよ。そしてそれに情熱をかけていた」

私は興味を持った。

「それはいったいどんな理念ですか？」

「彼女はいつも、『着物に出会って人生が変わらない人は絶対にいない』と言っていたわ」

私は小さく胸を打たれた。その一言に、その女性店長が信じている着物の可能性をそのまま受け取った気がした。

これが理念であり、自分の言葉で語られる信念であり、コアからの願い、ということだろうか。

「わあ、なんか、グッときました！」

「着物には長い歴史と技術が織り込まれている。それらを無意識に感じながらじっくり吟味して帯や着物を選び、洋服と比べたらずっと贅沢な買い物をする。ひと月ほどかけて仕立て上がり、それを我が身に羽織るとき、自らがその価値にふさわしいことを思い出せる、と」

私はそんなふうに身につけるものを選んだことがない。いったいどんな気分だろう。

「それにね、着物って着ているだけで周りの目を引くでしょう。見知らぬ人が、素敵ですね、なんて声をかけてくれたりする。そういうことも自信を取り戻すきっかけになるんじゃないかと思うの。それに、着物を着る生活をするようになると、行きたい場所も変わる。美術館とか雅楽の催し物とか、お香の会とか、そういうものとのご縁もできるようになるし、教養も深まる。そこで知り合う人たちとの交流も生まれたりすることもある。

だから、着物はただ売れればいいってものではないと思うの。選んで差し上げる私たちには、とても大きな責任があるわ。お客様のライフスタイルに影響を与えるのだもの。心してかからなくてはならない。

あ、このあたりはその店長が言っていたのではなく、私が感じていることなのだけどね」

私も着物を着てみたい気持ちが湧いてきた。

「わかりました。つまり、今の言葉が西園寺さんの理念なんですね！　私、心が動かされました」

自らの深い部分から紡ぎ出した願いは、やはり人の心を打つのだと思った。

「ええ、私の理念よ。着物を売ることはお客様の生活と人生をプロデュースする可能性のある責任のある仕事よ。チェーン店のお店には着物初心者の方も多くいらっしゃるから、無知に付け込んで売りつけるなど決して無責任なことをしてはいけない、って、いつも部下たちに伝えているの」

責任という言葉が重なる。それは西園寺さんらしい理念の担い方だと思った。


「西園寺さんはもうアルバイトではないんですね？」

部下、という言葉が出てきて、そう尋ねた。

「ええ、この店舗で店長は2店目になるわ。前のお店を全支店ナンバーワンの売り上げにすることができたので、このモールの出店を任されたの」

たしか、このお店は全国に１００店舗はあるはずだ。その中でナンバーワンを取るとは、いったい西園寺さんはどんな手腕を発揮したのだろう。

「すごい！　前のお店をナンバーワンにした秘訣は何ですか？」

「うふふ、それは会社員時代に養った生真面目さと生意気さのおかげかしら」

「生意気さですか？」

「実はね、私は店長になってから、本店に楯突いてばかりいたのよ」

私は少し驚いた。彼女はかつて、会社の方針には決して文句を言うタイプではなかったはずだからだ。

「特にね、本店の営業推進部からは、頻繁に本店主催の展示会への勧誘をするよう指示が下りるのだけど、それが嫌だったの。お客様に対して丁寧な売り方をしていない気がしてね」

着物の展示会へ足を運ぶと、いらないものを買わされる、と、礼服をあつらえるために呉服屋さんと付き合っていた叔母が言っていたことを思い出した。

「あるとき、展示会への勧誘数がうちだけ少ないと営業推進部のエリア担当マネジャーから催促が入ったの。本当に展示会での品揃えを求めているお客様しかお誘いしなかったからね。それでその人とやりあっちゃって、つい『私たちのやり方で売り上げを作りますから安心してください』と口走っちゃったの。あのころはまだ新米店長だったのに、本当に生意気よね」

生意気、なのではない。

西園寺さんの持ち前の真面目さ、実直さが、会社のルールに対してではなく、自分の理念に対して発揮されたのだ。

「そして、私は部下のみんなに相談したの。この店が譲れないものは何なのか、何をするべきか、それをどうしたら売り上げにつなげることができるのか。みんなも強引な勧誘には疑問を感じていたらしく、私の考える呉服店の責任についてよく理解してくれたわ。

やがて、閉店後の30分間を使って、私が持っている着物の知識の学習会をしたり、着付けの仕事と掛け持ちしているパートさんが着こなしについて皆に指導したり、人生が変わる着物生活って何だろう、なんて対話会などするようになったの。全部みんなからのアイデアよ。みんな着物が好きだから、閉店後にもかかわらず本当によく盛り上がったわ」

そして続けた。

「実はそれまで、閉店後の30分間は会計処理や掃除に使っていたの。でもそれらを営業時間内の空き時間にできるよう工夫をしてくれたのも部下たちよ。

そうしたらすばらしいことが起きてね。この30分のおかげで、顧客情報の共有化やベテラン販売員が若手に販売スキル指導をするなんて場面も生まれたの。さらに、着物の楽しみをより味わえるイベントを企画したり、着物で旅行するなんてアイデアが出てきたりしたの。

ただの作業に使っていた時間が、仕事の売り上げに直結する時間に変わったのよ。

そうこうするうちに、全国1位の店舗になっちゃったの」

「なんてすばらしいんでしょう。みなさんのアイデアを引き出したのは、西園寺さんの店長としての理念なのでしょうね」

「私はただ、どんなお店にしたいのかという方針を指し示し続けていただけよ。でもみんなそれをよく理解してくれて、毎日改善や提案をしてくれた。私はその方針からずれていないのであれば、多少の失敗は目をつぶったし、なるべく口出しをしないように我慢したの。

細かいところが気になる性格だから口出ししないで見守るのは大変だったけど、おかげで失敗を恐れていたら理想とするお店作りはできないってことがよくわかったわ。それからは、大きく構えて部下たちのチャレンジを見守れるようになってきたわ」

そこまで聞いて、私は気がついた。

「あ、だから辞めた彼のことも……」

すると西園寺さんは言った。

「そう、部下のみんながチャレンジしている姿を見て、やっと彼の気持ちがわかったのよ。あれは、私が彼を追い詰めてしまったのよ」

西園寺さんはそこまで話すと、コーヒーをひと口飲んだ。

「そして、さっきあなたは私のことを真摯だと言ってくれたわね。それで私はやっと自分を肯定することができたわ。本当にありがとう。

ただね、本音を告白すると……」

西園寺さんは続けた。

「私は、ただ自分が間違いを犯すことが怖かっただけだったのよ。評価が下がることを避けたかっただけ。誰かの正しさに盲目的に従っていたの。

それは大切なことに対して無責任でいられるずるい手よ。でもね、入社してからそれまでずっと言われたことを正しくやれたら評価されてきたから、これでいいんだと思い込んでいた。なぜあのとき気がつけなかったのかしら……なんて、言い訳してもだめね。あなたが言ってくれた私の真摯さの中には、そんな保身が混じっていたのよ。私は弱かった」

そして私の目を見てこう言った。

「青木さん、どうせ正しさに立つなら、誰かの正しさではなく、自分の正しさに立ちなさい。それが理念のあるリーダーよ」

西園寺さんは繰り返した。


するとそのとき、西園寺さんの携帯が鳴った。

「ちょっとごめんなさい」

と言って、西園寺さんは電話に出た。そして周りに迷惑にならないよう小声で話した。

「え？　それはあの染めの技術が入った着物のこと？　あれがうちに回ってきたの？　あ、わかった、きっと先週まで本店に展示されていたうぐいす色の……ああ、やっぱりそうね！　ああ、よかった！

ぜひ昨日のお客様にお電話を掛けて差し上げて。彼女が求めていらっしゃったのはああいう着物のことよ。あの染め加工はめったに出会えないから本当にラッキーだわ。

え？　そうよ、昨日ずっとあなたが相談に乗っていらっしゃったお客様よ。……もちろんよ、ずっと見ていたわよ。あれはとてもいい接客応対だったわよ。

そうだ、お電話をかけたとき、駅前の百貨店にお連れすることをご提案差し上げてくれない？　あの着物に合う帯があるなぁって前に目を付けてあったの。まだお若い方でも手が出せる金額だったわ。

……いいのよ、帯は百貨店でお求めいただければ。だって、うちにはあの着物に合う帯はなかったもの。ああ、きっと喜んでくださるわ。……ええ、すぐお伝えしてあげて、お願いよ」

理念に対して真摯な西園寺店長は、着物とお客様と部下への愛にあふれていた。

今の新しいお店も、きっと繁盛店になるだろうと私は思った。

解説　役割の変化と発達、そして自分なりの譲れない理念について

本文の中で、西園寺さんが非常に重要なことを指摘しています。それは、役割の変化がもたらす認識の変化に関するものです。

管理職になったことによって、求められる役割が変化し、これまで参加することはなかったような会議に出席し、そこで一段高い次元から日々の仕事や会社の事業を捉えられるようになった、と西園寺さんは述べています。

「リーダーを任せられたことによってリーダーらしくなる」ということが起こるように、私たちは組織や社会の中でどのような役割を担うかによって、自分の意識の持ちようや意識内容までもが変わってきます。

役割が変わると意識が変わる、というのはまさにこうした現象のことを指します。

発達とは認識世界の拡張という側面があるため、これまでとは異なる役割を担うことは発達を促していく作用があります。

管理職という新たな役割を西園寺さんが担うことによって、これまでよりも高い次元から会社の経営や組織運営を考える機会が生まれ、他の管理職の人たちとの関係性やクライアント企業との関係性もこれまでのものとは違ったものに変化したであろうことが考えられます。

私たちは取り巻く人たちと協働し、自分の役割を担いながら発達を遂げていくという特徴を持っています。

未知な役割を担うことにはためらいがあるかもしれませんが、人は新たな役割を担いながら、自己を取り巻く新たな関係性の中でゆっくりと成長していくという点を西園寺さんは私たちに伝えてくれています。

本文中の中にもう1つとても大切なことが語られています。それは、「自分なりの譲れない理念（コアからの願い）」を持つことの重要さです。

私たちは発達の過程において、自分なりの理念ではなく、他者の理念に沿って生きる時期があることは確かです。それは否定されるべきものではなく、発達の過程においてどの人にも起こることです。

ですが、発達が進み、自己主導段階に近づけば近づくほど、自分なりの理念というものが形成されてきます。
あるいは、もともと自分の心の中に常にあった理念を再発見する、と述べることができるかもしれません。

私たちは自己主導段階に近づけば近づくほど、権威を疑う健全な眼が育まれていき、これまで盲目的に従っていた権威の考えや理念などを自ら検証するようになります。そうした検証を経て徐々に育まれていくのが自分なりの理念です。

青木さんが述べているように、自分なりの理念というのは自らの深い部分から生み出されたものであり、それは往々にして人の心を打つ力があります。

他者の心に響き、浸透していくような言葉の本質には、自らの言葉で語られた譲れない理念があり、そうした理念を新たな役割を担いながら少しずつ育んでいくことが、自己主導的な自己に向かっていく道だと言えるでしょう。

青木美智子の学びノート4

□誰かの正しさではなく、自分の正しさに立つ。
それが理念あるリーダー。

第5章

自分らしさが大事

——自己主導段階の「視点取得能力」

いい子からの脱皮——自分の意志を貫く葛藤

ある日のことだった。

営業部長に頼まれて、我が課の昨年度の勤怠管理データを総務部へ取りに行かなくてはならなくなった。次の会議で部署ごとの勤務状態とそれに準じた業務効率や生産性を分析し、報告する義務があるらしい。

なるべく早く、と部長は私をせかした。

今月は決算月なので総務部は経理処理で忙しいはずだ。急ぎの仕事であれば部署長に直接依頼をしたほうが早いだろう。しかし、総務部の課長は小林さんだ。私は気が進まなかったが、総務部へ足を運びデスクにいた小林さんに声をかけた。

小林さんはデスクで椅子にもたれて足を組み、何やら資料を読み込んでいた。

「小林課長、今、お時間よろしいでしょうか」

ちらりと目だけで私の顔を見ると、

「忙しいわよ。見てわかるでしょう」と煙たそうに言い、また資料に目を落とした。

以前、化粧室で言葉を交わして以来、私は小林さんと直接関わりを持ってはいなかった。桃井さんの話から、小林さんが私のことを疎んじていることは知っていたが、日常業務ではあまり接点がないため、こうしてあからさまにそっけない対応をされるのはこれが初めてだった。

「申し訳ありません。うちの部長からの依頼が……」

そう言いかけると、やっと資料から顔を上げてこちらを向いてくれた。

「昨年の営業部全体の勤怠管理データ一覧を出力していただけませんでしょうか。来週の会議に必要ということで、なるべく早くと言われていて……」

そこまで聞くと、何も言わずまた自分の手元に目を戻した。

「あの……小林課長」

顔を上げてくれない。

「あの……いつごろ出力を……」

すると、

「ねえ梅ちゃーん、この数値、ちょっと変じゃない？」

小林さんは立ち上がり、梅村さんを呼んだ。梅村さんは飛んで来て、資料を確認した。

「えぇっと……あはは。本当だ。１行ずれてますねぇ。うふふ、すみませぇん……」

愛想笑いをしながら言った。

「もう、困るじゃん！　梅ちゃんってば。今度やったらデコピンだよ！」

「いやーん、ごめんなさい」

「あはは！」

２人は盛り上がって笑った。

そして、そのまま資料のデータについて話しはじめたため、私は小林さんのデスクの横に立ったまま、完全に無視された形となった。

周囲もちらちらとその様子を見ていた。居心地の悪さにいたたまれなくなり、自席に戻った。

小林さんにはっきりと勤務管理表データの納期を聞くことができなかったので、私は困ってしまった。部長はデータを取り寄せた後に、各課へ分析の指示を出したり読み込んだりする必要があるだろう。総務課からいつデータが届くのか、その納期を早く知りたいはずだ。

「仕方がない。再度メールでリマインドをかけておこう」

自席のPCから小林さん宛てに先ほどの要件についてメールをした。

「いつごろデータをいただけるか教えていただけますと幸いです」と書き加えたが、小林さんから返信は来なかった。

翌朝、部長から内線が入った。

「青木くん、昨日頼んでおいた勤務管理データはまだかい？」

「申し訳ありません。総務に依頼をしたのですが、まだ来ておりません」

「いつごろになるって言ってた？」

「すいません、まだ確認できておりません……」

「なに？　すいませんじゃないだろう。納期の確認は仕事の基本だ。全く困ったな。とりあえず、いつごろになるか早急に確認をしてくれ」と言って、電話は切れた。

気は重かったが、私は再度納期の確認をしに総務部へ行った。しかし、小林さんは離席中だった。

他の総務部のメンバーに小林さんがどこへ行っているか聞いたが、皆知らなかった。ついでに勤務管理表データの出力処理を任された人がいないか確認したが、誰も小林さんからその指示を受けていないということだった。

――まさか、私が依頼した業務だから進めてくれないのかしら。

自分が嫌われただけでなく、仕事まで滞ることになってしまうことになるなんて。

――いや、小林さんも管理職なのだから、さすがにそこまではしないわよね。

と、自分の不安な気持ちを抑えた。

その後何回か小林さんの席を確認したが、戻らない。メールの返信もない。

とりあえずその旨を直接部長に報告しようと思い、部長席へ向かった。


同じフロアの端に、肩の高さほどの衝立を挟んで部長席はあった。遠目からその衝立のすりガラスの向こうに部長の影が見えたので、在席だと確認できた。

「部長……」と言いかけたが、私の前にすっと割って入って部長に声をかけた人がいた。

なんと小林さんだった。

「部長、こちら昨年度の営業部全体の勤務管理データです。次の会議でご入用ですよね。お急ぎかと存じまして、直接お持ちしました。課ごとにグラフにまとめたものも作成しておきました。会議資料に加工しやすいと思いまして」

「おお、それは助かる。ありがとう。君は相変わらず気の利いた仕事ぶりだね。実は営業部の子に、データの出力依頼を総務部にお願いするよう指示しておいたのだが、それがいつこちらに届くかちゃんと確認をしてくれなかったものだから困っていたんだよ。いやぁ、助かった」

「そうだったのですか。なかなか私のところにデータを取りに来ないから直接部長のところまで持ってきたのですが、それは使えない社員ですね」

「あぁ、まったくだ、まったくだ。いやぁ、助かったよ」

やりとりの最中に、小林さんと私は目が合った。部長から私は死角になっていて見えていないようだった。


——ひどい。小林さん、ひどすぎる。

こんなふうに、わざと陥れられるような扱いを受けたことがなかったので衝撃を受けた。ふと、東野君の顔が浮かんだ。彼も、似たような仕打ちを受けているのだろうか。

私は即座に部長席に駆け込み、

「部長、違います！　私はちゃんと小林課長に何度も確認しました」……と、言いたかった。

しかし、言えなかった。

行き場を失った憤りと屈辱感で、身体中の血が逆流した。その荒れた感情が周りに漏れ出ぬように早歩きで自席に戻り、椅子に座るとうつむいて唇をかみしめた。

「私さえ我慢して丸く収まるなら、これでいいのよ」という母親の声が頭の中で聞こえた。

私はいつも、人との対立の場面においては、過剰な謙虚さで罪を引き受け、「私が悪かったの、ごめんなさいね」などと言って腰を低くして謝っていた。すると、相手はこちらの態度を尊重し、厳しさを収め、時には受容さえしてくれた。

こうして私は運良く親切な友や紳士な人々に囲まれ、円満に周りとやってこれた。

——でもね、お母さん。それじゃ通じない相手もいるのよ。わざと人を貶《おとし》めようとする人が世の中にはいるのよ……。


この全身を打ちのめす惨めな気持ちは、小林さんの卑怯なやり方のせいだと思った。

しかし、厳密にはそれは違う。

自分で自分の正当性を臆せず主張する潔さがあれば、他人はそう簡単にこちらを貶めたり、惨めにしたりすることはできないのだ。

このときまだ、私はそのことを知らなかった。


ランチタイムになった。後輩の純子ちゃんがランチに行きませんかと声をかけてくれたが、食欲のなかった私は、今日は野菜ジュースだけにすると言って断った。

「ダイエット中ですか?」と聞かれ、「ええ、まあね」と曖昧な笑顔で返事をした。

ハリウッドスターのポスターが貼られている休憩スペースに並ぶ自動販売機で野菜ジュース

を買い、自分の席に戻った。

省エネ対策で半分の照明がオフにされた薄暗く広いフロアはがらんとしていた。机にうつ伏せになって昼寝をしているか、イヤホンをして携帯を見ながらおにぎりを頬ばっている人がぽつりぽつりといるだけだ。

私は自分の席でひとり野菜ジュースを飲みながら、ぼんやりと午前中のことを思い出していた。

「はい……あ、いえそんなつもりは……あ、はい……」

誰もいないと思っていた隣の総務部から何やら話し声が聞こえた。

振り向くと、東野君が自分の携帯電話で誰かと話をしている。こちらに背中を向け、こそこそと小声で話しているが、静かなオフィスでのささやき声はこちらの耳によく届く。

「えぇ……あぁ、すいません。はい、急いでいます。かならず今日中にご請求書の差し替えをいたします」

トラブルだろうか。取引先とのやりとりのようだ。

「いやいや、どうかそれは、それだけはやめてください。必ず今日には……あ、いや、やはり明日の午前中までお時間をいただけますか？　それまでには確実に……。えぇ、すみません、はい。ではよろしくお願いします」

東野君はそう言って電話を切った。

そして、頭を抱えて自分の席に座り込み、深いため息をついた。

——何かあったのだな。

東野君に声をかけようかと思ったが、うなだれていた彼は突然何かを思い出したように顔を上げて立ち上がり、ノートＰＣと棚に立ててあった『業務改善プロジェクトミーティング』と書かれたファイルを引っ張り出すと、慌てた様子でコピー室へ行ってしまった。

——業務改善プロジェクトは、小林さんがリーダーだったわね。また仕事を押し付けられているのかな。東野君、ランチも食べてないんじゃないかしら。

彼は先日小林さんに叱責を受けてから、本当にランチタイムも返上して仕事に追われているようだった。


その日の夕方のことだった。

デスクでの入力処理がひと段落ついたので、そろそろ仕事を切り上げて帰ろうとかと思っていたとき、

「ちょっと、東野君！　どこ？　あぁ、いた。すぐいらっしゃいっ！」

小林さんの怒鳴り声がした。

びっくりして、私は座ったままくるりと椅子を回して総務部のほうを見た。

東野君は今日もこれから残業をするつもりなのか、コピー室で印刷し終えた大量の紙を抱えて戻って来たところだった。

「はい、何か……」

紙の束を不安定に抱えたまま、東野君は小林さんのデスクの前に行った。

「今、私宛てにヤマト印刷さんの経理課の徳永課長から電話があったわよ。あなた、徳永課長の部下の方から頼まれた請求書の差し替えをまだ出していないらしいじゃない。向こうも決算期で処理ができずに困っていて、部下を問い詰めたらあなたに依頼したままだと言ったそうよ。必ず明日の午前中までに出してくれるよう、東野君の上長である私からしっかり釘をさしてくれ、と言われたわ。本当に……あなたはどこまで私に迷惑をかければ気が済むの？」

東野君は真っ青な顔になった。その拍子に手に持っていた大量の紙を落としてしまい、慌てて四つん這いになって拾いはじめた。

ランチタイムにコソコソやりとりをしていた相手は、取引業者の経理担当者だったようだ。


「それに、今朝の朝礼では、滞っている処理はないって私に言ったわよね」

無様な格好で資料を拾い集める東野君を見下ろしながら、小林さんは仁王立ちでそう言った。

「言ったわよね！」

「あ、は、はい……」

と東野君は拾うのをやめて立ち上がり、情けない声で答えた。

「あれは嘘だったのね。どういうこと？」

小林さんは怒りで興奮し、キンキンとした声を張り上げた。

「あの、仕事量が多くて手が回らなくて、それで……」

「そういう言い訳は通用しない。それならトラブルになる前に相談するのが当たり前でしょ！　全く、この2年間、仕事で何を学んできたの？　大学を出たばかりの新人でもそのくらいわかっていることよ」

小林さんは今年総務部に入った新人男性を横目で見て言った。彼は素直で明るく、何かと機転が利くタイプだ。小林さんのお気に入りだと聞いたことがある。

誰か小林さんの剣幕を止めに入らないのかと周りを見渡すと、フロア中がこれらのやりとりを見ていた。その中には、後藤課長と営業2課の課長もいた。また、総務部長も部長席の衝立越しにチラリと目をやっていた。

しかし、誰も小林さんを制しようとしない。その間も、小林さんの厳しい叱責はどんどん加速した。

——さすがに度が過ぎて来ているのじゃないかしら。……このままだとパワハラになりかねない。小林さんに意見を言える立場の人たちが、なぜ何も言わないのかしら。

そう思ったが、今朝、彼女の巧妙なやり口に遭遇したからこそ、私は彼らの気持ちが理解できる気がした。

——きっと、自分の仕事が回らなくなるのが怖いんだわ。

小林さんは社歴が長い分、社内の仕事に精通している。総務の仕事以外にも彼女しかできない仕事やある種の非公式な権限を持っている。つまり、仕事の属人化が起きている。

営業部の課長たちは小林さんに融通を利かせてもらわないと回らない仕事がいくつかあるだろうし、総務部長も、仕事の処理能力が高く、部下や他部署への強い影響力を持っている彼女のへそを曲げるようなことはしたくないのだろう。

散らばった紙の中で立ち尽くし、小林さんの叱る声を浴びる東野君を、皆気の毒そうに見つめるだけだった。

そしてとうとう小林さんは、「東野君、あんたって本当に使えない。できない部下を持つと損するわ」と言い放った。

そのとき、私は自分でも思いがけない行動に出てしまった。

「小林課長……！　そんな言い方ってないかと……」

衝動的に席を立ち、気がついたときには小林さんと東野君の間に割り込んでいた。

「何？　営業部が何の用？」

小林さんが私を睨みつけて言った。私はそこでハッと我に返った。

あぁ、どうしよう。

急に胸がドキドキして、足が震えた。

「いえ、あの……。ひ、東野君は今日のランチタイムにご飯も食べず、一所懸命仕事をしているのを見かけました。彼なりになんとか仕事を片付けようと必死だったのだと思います。もう少し適切な業務配分があれば……」

「私の指導不足だっていうの？　今日のランチタイムを潰して仕事をしていたからって、業務遅延報告がなかったことを許せって言いたいってこと？　それとこれとは別でしょ」

そうかもしれない。いや、そうではないのかもしれない……。

「えっと……別かもしれませんが、えっと、すいません」

私は自分が何を言いたいのかわからなくなった。というか、急に自分が感じていた強い衝動に自信がなくなった。

「何なのよ、あんた。言いたいことがあるのなら、ちゃんとまとめてから話しなさいよ。他部署のくせに」と小林さんは言った。

私はどうしたらいいかわからなくなった。とっさに屈んで東野君の足元に散らばったままの紙を拾い集めた。彼にそれを渡すと、早口でこう伝えた。

「あ、あの、小林課長、営業部は月末処理がひと山終えて、私も少しは手が空いておりまして……あの、そういうわけで、いつでも仕事を申し付けてください。東野君、やれることがあれば手伝うからいつでも声をかけてね……えっと……あ、じ、じゃ、お先に失礼します……」

最後は何を言っているのかよくわからなくなるほど小さな声になり、その場を離れ、自席に置いてあるカバンを手にすると、足早にオフィスを出た。

その一連のやりとりを、デスクに座って足を組み、片手で頬杖をついて眺めていた人がいた。桃井さんだ。

私と目が合ったとき、彼女は少し目元を緩めたような気がしたが、そのときの私にはどうでもいいことだった。

スマート・マジョリティ

森尾さんと会う日が来た。

私は電車で新横浜駅へ向かった。森尾さんと食事をしながら話を聞いてもらうことになっている。

せっかくなので、同期のユミちゃんに声をかけ、森尾さんと会う前にお茶をすることにした。

土曜日の電車は空いていたので、私は座席に座ることができた。

「せっかくお会いするのだから、前に教えてもらったことを復習しておかなくちゃ」

腰を落ち着けると、以前森尾さんにお会いしたときにメモをしたノートを取り出した。

・リーダーシップとは影響力のこと
・それは「在り方」ともいう。雰囲気・存在感・Being
・影響力の起点
・エゴリード、コアリード
・保身のエゴからか、コアな願いからか
・人間的成熟とは、視野の広さと関係している
・いつも自分の状態を観察すること
・自分らしいのか、自分勝手なのか
・信念、コアな願い……体験を通して検証され、自分から漉し出されるもの

・焦らない。プロセスの一つ一つを丁寧に歩むことが大事

影響力の起点、そしてエゴリード、コアリードという言葉が目に飛び込んだ。

私はまた、小林さんのことを思い出した。

——小林さんのリーダーシップはエゴリードだわ。彼女の言動は矛盾してるし、保身も我欲も見える。それが彼女の影響力の起点なのね。

小林さんとのやりとりは、ずっと胸に残っていた。1日に2度も小林さんの理不尽さに直に接した今、以前から感じていた小林さんへの疑問がはっきりしてきた。

——小林さんは……ずるいわ。それになにより、人への尊重感があまりに欠けている。

そう思うと、怒りの感情が芽生えた。

——あぁ、でも、こんなことで怒るなんて、いけないわね。思えばあのとき部長にはっきりと自分の正当性を訴えればよかったのだし、東野君のことだって、小林さんの言い分には一理あるといえば……あるし。

「怒り」は私にとってタブーな感情だった。むやみにまき散らして、周りを傷つけたり関係性を悪くするのは、私の中ではあってはならない選択肢だった。

いつだったか夫が私を「平和主義」と言ったことがあるが、その平和は、対立したくなる感情が泡立ったとき、自分の中でこうして感情を消化することで実現させていた。

しかし、今回はいくら押さえ込んでも湧き上がってくる怒りがある。私はあの日から、怒り

と、その怒りへの強い禁忌感とを同時に抱えながら過ごしていた。

新横浜駅に到着した。

駅に隣接するホテルのラウンジで、ユミちゃんと待ち合わせた。席に通されてしばらくすると、時間どおりにユミちゃんが現れた。

「おまたせ！　ここ、すぐわかったでしょ？」

「うん、わかりやすい場所でよかった。あ、メガネ変えた？　似合うね」

ユミちゃんは以前神奈川支社で見かけたものよりカジュアルな感じの茶色いフレームの眼鏡をかけていた。

「気がついてくれてありがとう。新しいメガネなの。こないだ観に行った映画で主人公の女性がかけていたのと同じブランドなのよ」

ユミちゃんは外国映画のファンだ。

「へえ！　かっこいい。どこのブランド？」

などとさっそく雑談で盛り上がった。

ウエイターがやってきて注文を聞いた。2人ともコーヒーをオーダーすると、近況報告に入った。

「で、最近どうなの？　管理職候補としてやってみる気になった？」

ユミちゃんは聞いた。

「それがね、まだ迷っているの。このあと森尾さんにお話しして、頭を整理しようと思うのだけど……最近会社でいろいろあってね」

「そうなんだ。いったい何があったの？」

私は小林さんとの間で起きた一連の出来事を語った。

すると、ユミちゃんは意外なところに反応した。東野君がフロアでさらし者のように叱られたところを話したときだ。

「出た出た！　サイレント・マジョリティ！　課長たちも部長たちも、黙っちゃったのね」

「え？　サイレント・マジョリティって何だっけ？　聞いたことがあるような……」

「沈黙する大衆、よ。ほら、ちょっと前に流行った歌にもなったけど、黙っているなら賛成していることになっちゃう現象のことよ」

「えーっと、……あ、これね。ニクソン大統領が、声をあげて戦争反対って言っている一部の運動家に対して、『大多数の大衆は黙っている、沈黙しているってことは同意ということだ、だから大多数は賛成しているのだ』って強引に論理展開した、と」

私はスマホで検索した内容を簡単に読み上げた。

「確かに、あの場で東野君は誰からも助け舟を出してもらえず、孤立無援のような空気感が漂っちゃったわね」

我ながら、そんな空気感の中でよく小林さんに意見を切り出せたものだ。

「でもさ……あなたのおかげで、もしかしたらそのサイレント・マジョリティがスマート・

マジョリティになるかもしれないよ」とユミちゃんは言った。

「え？　スマート・マジョリティ？　それは聞いたことがない言葉だわ」

「それはそうよ。私が作った言葉だもん。会社の中でさ、いろいろ観察していて気がついたの。結局、事態を決定し推進していく実働パワーは、完全にマジョリティなのよ。リーダーじゃない。リーダーは、ただ旗を掲げて振っているだけなの」

「なるほど。ユミちゃん、相変わらずの観察力ね」

というと、ちょっと得意げに眼鏡をクイッと上げた。

「こういうことを考えながら組織にいると、おもしろくてたまらないのよねぇ」

彼女は根っからの分析家のようだ。


「それで、スマート・マジョリティっていうのは何？」私は改めて質問した。

「あ、そうそう。それでね、ものごとの実働パワーがマジョリティにあるのであれば、組織の中で自分たちがリーダーではないと認識している大衆層こそが、賢くあらねばならないって、気がついたの。賢い大衆。だから、スマート・マジョリティ」

なるほど。リーダーに任せることでつい自分で考えることを放棄しがちになる大衆層だからこそ、ちゃんと頭を使わないといけないのか。

「で、スマート・マジョリティであるために、どう賢くあればいいとユミちゃんは考えるの？」

ユミちゃんのことだ。きっとその考察も終えているだろうと思って、私は尋ねた。

「それはね、自分たちが支持しているリーダーが言っている意見が、どこから出ているかを見極めて判断するってスマートさを持つことだと思うの。

リーダーの言うことを何も考えずにそのまま信じるんじゃなくて、リーダーがエゴイスティックな部分からその意見を言っているのか、それともコアな願いから言っているのかを、ちゃんと自分の頭で判断する。

中には、メリットをチラつかせて支持層を丸め込む巧妙なエゴリーダーとかいるからさ、なかなか難しいこともあるだろうけど……。でもさ、いったん自分で考える、リーダーの発言の起点を確認してみる、ってくらいは気をつけることができると思うの」

「なるほど。そのリーダーの言動の起点の確認ね」

ここに来るまでに電車の中で読み返していたノートのことを思い出した。

「そう。あなたが神奈川支社に来たとき、森尾さんがエゴリーダーとコアリーダーの話をしたでしょ。そこで、スマート・マジョリティになるコツに気がついたのよね」

あの話を聞いていたとき、ユミちゃんが何か納得したような表情をしていたことを思い出した。

「でもさ、私は、あの場で遠巻きに見ているだけだった部長や課長たちの気持ちもわかるのよね。小林さんの印象を悪くして、自分たちの仕事が回らなくなるのが怖くて言えなかったのだと思うの。それで、サイレントするしかなくなって、結局、エゴが強く混じったパワハラまがいの小林さんの指導に賛成している形になっちゃった、みたいな」

あの場にいた誰もが警戒している空気感を思い出しながらそう言った。

「きっとそうよね。何か主張することで不利になりそうなときは、おかしいなって思っても黙っていたほうが賢い、って判断する人は多いと思う。でもさ、私、思うんだけど、まずはそこに自覚的になることが大事なんじゃないかな。

つまり、森尾さんの教えをそのまま応用すると、リーダーだけではなく、すべての人が、自分の言動がどこを起点としているかに常に気がついていることが大事なのよ」

「すべての人が？」

「そう。自分の言動の起点が願いからなのか、エゴ……つまり、保身なのかにすべての人が自分で気づいておくこと。きっと、これもスマート・マジョリティでいるためのコツの1つと言えるわよね。例えば、部長や課長たちが黙っていた理由が本当に自分たちの保身からなら、『自分は身を守るために今こういう態度を取っている』ってちゃんと自覚していることが大事なんじゃないかと。こういうことって、1つの勇気だと思うの。自分の弱さから目を背けない勇気よ」

眼鏡の奥の思慮深い瞳を澄ませ、彼女は言った。

「でもさ、それってなかなかタフなことじゃない？」

自分の弱さを直視することは、なかなかできないことである。

私が尋ねるとユミちゃんはこう答えた。

「うん。タフなことよ。だから人はもっともらしい理由をくっつけて、自分の選択は保身からではない気になっている。誰も自分を弱い人間だと認めたくないからね。

もし正直に保身で選んでいると自覚できているなら、エゴリーダーの判断に対する真理眼を保てるけど、保身を保身で麻痺させて、保身から動くエゴリーダーを支持してしまったら、もう完全に自分の選択を放棄して、黙ってエゴリーダーに従う無責任なサイレント・マジョリティになる。それってとても危険よね。だってさ、エゴリーダーが導く行き先は、どこか偏りを伴った未来な気がするのよ。そこに実働パワーが集中することになっちゃうもの」

ユミちゃんは一気に語った。私は彼女の洞察に舌を巻いた。

「本当にいろいろ考えているのねぇ。感心したわ」

するとユミちゃんは笑い飛ばしてこう言った。

「何を言ってるの。何度も言うけど、こういうことを考えるのが好きなだけよ。それより、私のほうこそ、そんな場面で小林さんに意見したあなたに本当に感心したわ」

「確かに自分でもよく言えたと思うけど。でもまあ、結局最後は尻すぼみで退散しちゃったけどね……」

と言うと、ユミちゃんは私を見て、

「そうは言うけどね、もしかしたら、サイレント・マジョリティたちがあなたのその言動で、スマート・マジョリティに変身するかもしれないわ。自分たちが無意識に保身に入っていたことに気づかされてさ」と言った。

「そうかなあ……。だとしたら、あの無謀な行為も多少は意味があったかもしれないわね」
「すごいことよ。もっと誇りを持ちなさいよ。少なくとも、友達として私はそんなあなたを誇りに思うわ」

誇り……。もしあのとき自分が揺らがず、言いたいことを最後までずばっと言い切れたなら、そんな誇りも持てるのかもしれない、と私は思った。

解説 成人発達理論から見る「サイレント・マジョリティ」と「スマート・マジョリティ」の違い

本文の中で、青木さんの友人のユミさんが2つの興味深い概念を提示しています。1つは、「サイレント・マジョリティ」と呼ばれるものです。

組織の中において、1人のリーダーの意思決定にすべてを委ね、それに黙ってついて行こうとする行動論理を持っている人は多いのではないかと思います。ロバート・キーガンの理論を用いれば、それは他者依存段階の特性と非常に似ていると言えます。

これまでの解説で言及してきたように、この段階は自らの意思決定基準を確立できておらず、権威を持つリーダーなどの意思決定に従順に従う傾向があります。

一方で、「スマート・マジョリティ」というのは、自己主導段階の特性と似ていると言えます。この段階においては、自らの意思決定基準が確立されており、たとえ権威を持つ人の意見に対しても、自分の頭でそれを検証する力を持っています。

言い換えると、この段階の人は、仮にリーダーが組織の中にいたとしても、そのリーダーの意思決定に盲目的に従うのではなく、リーダーの意思決定の妥当性を再度自分の頭で考えることができる強靭な知性を持っていると言えます。

本文の中で出てきた場面を思い出してみると、青木さんの組織にはサイレント・マジョリティが多くいますが、彼らがスマート・マジョリティに変化していく可能性をユミさんは指摘しています。

１つは、キーガンの著書『なぜ弱さを見せあえる組織が強いのか』（英治出版）にあるように、１人ひとりのメンバーが自らの弱さを直視することが大切になります。「自分の弱さから目を背けない」というのは言うは易く行うは難しであるため、最初のステップは、自らの言動が自分のどういった考えや価値観から生まれているのかに対して自覚的になることでしょう。

発達の原理に、「主体であるものを客体にする」というものがあります。これはどういうことかというと、これまで無自覚な自己の側面に気づいていくことが発達を促すということです。

私たちの発達は、これまで気づけなかった自己の側面に気づいていく過程であり、このプロセスに終わりはありません。自分の弱さというのも自己の1つの側面であり、自分の言動がどのような考えや価値観から生まれているのかに自覚的になることは、これまで気づかなかった自己の側面を客体化することを意味します。

組織内のサイレント・マジョリティがスマート・マジョリティに変化していくことは一筋縄ではいきませんが、組織に所属する一個人として、自己の様々な側面に自覚的になること、そして他者の言動の背後にある考えや価値観などに自覚的になることは、自己理解のみならず、他者理解を深め、それがチーム単位、あるいは組織単位での発達を少しずつ促していくことにつながるでしょう。

自分の願いに出会うコツ

お昼になった。ユミちゃんはこれからごひいきの役者が出る舞台劇を観に行くということで、嬉しそうに去って行った。彼女は趣味が多く、独り身の自由が楽しくて仕方ない感じだ。

入社当時、新入社員研修でユミちゃんと一緒の部屋に泊まった。私たちは夜中まで一緒におしゃべりをした。

そのとき彼女は「私、あんまり結婚に興味がないのよね。ずっと独身でいけるところまでいって、40代か50代くらいで気が合った人と事実婚っていうのもいいわよねえ」と、言っていたが、その気持ちは変わっていないようだ。

彼女は自分を誰とも比較せず、いつも現状に満足してくつろいでいる。

「会社で大変なことが起きてもどこか達観して楽しんで見ている感じがするし、ああいうのっていいなあ」と、ちょっとユミちゃんを羨ましく思った。

私はそんなことをぼんやり考えながら、ラウンジでそのまま森尾さんを待った。

しばらくして、森尾さんが現れた。

綺麗な色のカットソーを身につけた森尾さんは、会社で会うより若々しく見えた。そして、あいかわらず、その落ち着きの中に楽しげな雰囲気と涼やかな透明感を漂わせていた。

「青木さん、お久しぶりね。このラウンジ、よく知っていたわね。私もここは感じがいいからよく使うのよ」

「お久しぶりです！　ここはユミちゃんが教えてくれました。さっきまでお茶をしていたんです」

と言うと、まあ、ふたりは本当に仲がいいのね、と森尾さんは嬉しそうに言った。

ウエイターが森尾さんの前にお水とおしぼりを置き、オーダーを聞いた。

渡されたランチ用のメニューを見ると、おいしそうにこんがりトーストされた胚芽パンにサラミやレタス、オニオンが挟まれたサンドイッチプレートが目に留まった。それにしようかと思ったが、森尾さんがグラタンセットをオーダーしたので、「私もそれで」と続いた。

すると、

「青木さん、本当にグラタンセットが食べたいのかな？　サンドイッチプレートのページをじっと見ていたじゃない？」と森尾さんが言った。

「え？　あ、はい。トーストパンがすごくおいしそうだなって……」

突然の質問に少々戸惑い、正直に答えた。

「うふふ、じゃ、それにしてごらんなさい。すみません、彼女はサンドイッチプレートに変更しますね」

そう言って、ウエイターにオーダーしてしまった。

ウエイターが立ち去ると、森尾さんはいたずらっぽい言い方で私に言った。

「じゃ、青木さん、宿題チェックです！　以前、行動の起点の大事さを伝えたわよね。そしてそのために、まずは自分の状態を観察しなさいね、と私はお伝えしました。じゃ、今自分が食べたいと思っていたサンドイッチプレートをやめて、グラタンセットにしようとしたとき、どんな思いが心の中にあったのかな？」

「え？　そういうことを考えたことがありませんでした。でも、確かについ人に合わせてしまう癖がありますね。食べ物だけでなく、旅行の行き先などで意見が違ったときなんかもすぐに合わせちゃいます」

「そっか。無意識に相手に合わせちゃうのね。じゃ、それはどういう相手のときが多い？」

「相手が誰であれ、大抵合わせてしまいます。特に、それが目上の方だったり、お客様だったり、あと、夫だったり……」

「では、それらの人たちの共通点は？」

「えーっと、大事にしたい人たち、でしょうか。相手を大事にしたいから、つい合わせてしまうのかしら」

「うふふ、そうかしら？　大事にしたいから自分は遠慮して相手に合わせる、って言ってみて、どんな感じがする？」

頭の中で復唱してみた。私は少し違和感を感じた。

「うーん、自分の本心の言葉ではない気がします。思いつきで適当に答えた感じがします」

と、私は素直に自分の感想を述べた。

「そっか。じゃ、どうして青木さんはつい相手に合わせちゃうのかな？」

私はしばし、自分の内側を観察してみた。

――大事だと思う相手につい合わせてしまうとき……、私の中に何が起きている……？

そう問いかけながらゆっくり自分の中に入ってみた。すると、心の奥にほんの小さな揺らぎを見つけた。

これは……、「恐れ」だ。

「あ、わかりました。私には恐れがあります。自分の意見を通すことで、嫌われたり、生意気と思われたりしないだろうか、合わせたほうが協調性を感じてもらえるのではないか、みたいな無意識な恐れがありました」

「なるほど。今、そう私に言ってみて、どんな感じがする？」

「しっくりきます」

「だったら、それがあなたの本心ね。じゃ、もしあなたがサンドイッチプレートを頼んだら、私は本当にあなたを生意気だとか協調性がないと思って嫌うかしら？」

その問いを受け、私は自分の見当違いな思い込みに気づいて吹き出した。

「あはは！　まさかそんなことで誰も人を嫌ったりしませんね」

「でしょ。じゃ、どうする？」

「遠慮なくサンドイッチプレートを選びます」

「はい、よくできました。花丸をあげます」

「はい、先生。これからも頑張ります」と言って2人で笑い、朗らかな気分になった。

西園寺さんの実直で凛とした人柄に憧れを感じたが、森尾さんのユーモアのある雰囲気もやはり素敵だなと思った。


「ところで、食べ物1つ選ぶときでさえも自分の起点をいちいち意識すべきなのですか？」

起点の大切さはわかるが、食べるものを相手に合わせてしまうことくらい、どうでもいいことなのではないかと思った。

しかし、森尾さんは言った。

「そういう小さなことが大事なのよ。特に今のあなたにとって、とても」

「どういうふうに大事なのですか？」

「コアリーダーになるために、よ」

コアリーダー……。自分なんかにリーダーをやる力はないのではないかと感じている今の私に、森尾さんの応援の気持ちが痛かった。

森尾さんは続けた。

「コアな願いからリーダーシップを取るコアリーダーになるためには、自分の正直な感覚への敏感さがいるの。でもね、人はさきほどのあなたのように無自覚に、かつ反射的に恐れからの選択をしてしまうことが多いの。特に人に気を遣いがちな人は、自分が本当に何を望んでいるのかについてすっかり鈍感になってしまっていたりするわ」

「心あたりがあります」

「まずは、常に、自分の選択の起点が恐れからやろうとしていないかどうかを確認する。だんだん、自分の保身が的確な判断を阻害していることがわかってくるわ。そして、保身がなければ、どう判断するかを考える。

その繰り返しが自分の本当の願いと出会わせ、最終的に願いからの選択を見極めることになり、最後はそれを行動に移す。それがコアリーダーのコンピテンシーだと私は思うの」と森尾さんは言った。

「でも、森尾さん……。起点に気づいたからといって、自分が信じることや願いを行動に移すのはとても難しいことですよね……」

怖くて言いたいことを言えなかった先日のいくつかの場面を思い出し、私はそう伝えた。

「そうね。自分に正直に生きるって、実は責任が伴う生き方だからね。願いを行動に移すときに躊躇してしまう理由は、その結果に対する責任をとるのがこわいからよ」と森尾さんは言った。

それを聞き、私は悩ましい顔をして黙りこくってしまった。

その様子を見て、森尾さんはにっこりと笑った。

「青木さん、急がなくて大丈夫よ。こうして食べ物1つ選ぶような小さなことから、自分の願いから動く練習をしていくのよ。日常生活の1つ1つを、自分の願いから動くことを試して見るの。まずは、そこからよ」と優しく言ってくれた。

そこへ、2人分の料理が運ばれてきた。

ほんのり焦げてカリッと焼けたトーストのサンドイッチはとても香ばしく、写真で見たよりずっとおいしそうだった。

「わあ、このサンドイッチ、メニューで見るよりさらにおいしそう！　これにしてよかったです」

「でしょう。自分の願いを行動に移すと最後はハッピーに落ち着くのよ。ほら、恐れからグラタンを選ぶより、ずっと幸せだったでしょう」

「なるほど！」

「そして、私はこのグラタンにして心からハッピー。ああおいしそう！　さあ、いただきましょう」

と言って、２人で食事に取りかかった。

「遠慮は社会の迷惑です」

食事をしながら、私たちはいろんな話をした。

聞き上手な森尾さんを前に、先日、東野君をフォロー仕切れず退散してしまったことも、洗いざらい話した。

「……それで、最後はもごもごとよくわからないことを小林さんに言って逃げるように会社を出ちゃったんです。それで、自分が本当に情けなくって。だから、私なんかにリーダーなんて、とても無理だと思い、すっかり自信をなくしています」

最後に弱音を吐くと、サンドイッチの最後の一口をほおばった。

すると突然、森尾さんはフォークでグラタンをすくっていた手を止めてこう言った。

「違うわ、青木さん」

森尾さんの声色が急に変わった。

「あなたは必ず素晴らしいリーダーになる」

思いがけず強い口調でそう断言したので、私は少々驚いてパンを喉に詰まらせそうになった。

「私が、ですか？」

コーヒーでパンを流し込み、私はそう返した。

「そう。あなたはきっといいコアリーダーになる」

森尾さんは繰り返した。さらに、

「そして今、あなたは自分のコアな願いの糸口を掴みかけている。それを掘り起こすのよ」

と言った。

「え？　何をどうやって掘り起こすのですか？」

「今度同じようなことが起きたら、次は最後まで自分の意見を言い切ってみなさい。自分の願いに立ちながら」

「そんなの……無理です」

「無理じゃない」

森尾さんは即座に否定した。

「小林課長と、えーと、東野君、だっけ？　その2人を見ていて感じたあなたの心の痛みや思い、それは願いからのものよ。保身からではない痛みや怒りは、コアな願いが果たされないときの反応なのよ。あなたはそれを感じて思わず動いてしまったのよ。あなたは自分でも気がついていない、コアな願いへの情熱がある。やってみなさい」

私の言うことを鵜呑みにしてはだめよ、と言っていた森尾さんのアドバイスはいつも提案型だ。

しかし、今日はめずらしく指示的な言い方が続く。

「私なんかが言っても……」

「私なんか、なんて遠慮しちゃだめ。保身を超えるほどの情熱を感じる願いがあることは素晴らしいことなのよ。それを人は理念と呼ぶわ」

確かに私はあのとき、保身を忘れ、何かに突き動かされた。「誰かの正しさに立つのではなく、自分の正しさに立つこと。それが理念あるリーダーだ」と、西園寺さんは言った。

私が立つべき正しさは、あの衝動の根っこにあるのか。


しかし、私には自信がなかった。

「でも、私なんかが言っても……私がもう少し周りから一目置かれるような優秀な人材だったり、立場が高かったらいいのですが、そういうわけではないですし……。東野君には厳しく指導されるべき落ち度があったのだから、あのときの私の行動は不適切だったかもしれませんし……。それに……えっと」

森尾さんは小さくため息をついてこう言った。

「そうやって、私なんて、と言い訳して、自分の持っている大切な何かを引っ込めてしまうのね」

そして、こう続けた。

「青木さん、あのね、遠慮は社会の迷惑なのよ」

「え？　迷惑？」

「そう。先日ちょっとこういうことがあったんだけど聞いてくれる?」

そして、森尾さんはこんな話をしてくれた。

《森尾さんの回想》

あれは、私が週末のボランティアで参加している社会人と学生の交流イベントに出かけたときのことだ。

あの日は社会人数名と学生が円陣を組んで対話をするというワークがあった。私はたまたま日本のトップクラスの大学に通う学生ばかりの輪に入った。

対話会が始まった。

彼らはみな、良い子だった。スマートで、従順だった。そして……あまりに謙虚だった。会における発言は一部の元気な学生に偏った。きっと多くの気づきやアイデアが、その優秀な頭脳にあふれているであろうに、全く発言のない学生もいた。

試しに発言を促すと、「いえいえ、私なんて」と遠慮する。もしくは、当たり障りのない発言をする。そのくせ、他の学生が意見を述べたとき、「そうそう、自分もそう思っていた」というふうに、大きく頷いている。

「思うことがあったなら、あなたが言えばいいのに」と私は思った。

その後、その対話会の中である学生が発言したこのセリフに、彼らの発言不足の一因を見た。

「入学して驚いたことは、あまりに優秀な友達が多いことです。自分なんか、下の下だと思いました」

優秀校に入学した学生が感じるよくある劣等感だ。

高いレベルの大学には、学力が高いだけではなく、数学オリンピックで賞を取っています、ピアノのアルバムを出しています、3ヵ国語ペラペラです、などと才能もあふれている学生がごろごろいる。そのうえ、イケメンで背が高く、高校時代はサッカー部のキャプテンだったとくる。

そんな非の打ち所がない学友らを目の当たりにし、頭をうしろから殴られるような衝撃を受けて「私なんか」と小さくなる。

圧倒的な相対の中で、そのような想いにはまり込んでしまうことは理解できる。

が、しかし、彼らはまぎれもなく日本有数の頭脳を持っている。その大学に在籍していることがそれを証明している。

その事実があってもなお、自分の豊かさに意識の焦点を当てず、足りないものを凝視して萎縮している。

そうして、彼らの資質はのびのびと場に提供されることがないまま対話会は進む。

率直な発言が遠慮される対話は、何も生まないものだ。

それは間違っていたり、独りよがりだったり、考察不足な発言でもよい。場はゆらぐ。ゆらぎから気づきは起きる。

ゆらがぬ場は、何も起きない。

自分より優れた人がいる。それがどうしたというのだ。優劣なんてどうでもいい。そこに資質はあるのに。

「ああ、もっと傲慢になって！」私は彼らに向かって叫びたかった。

いや、実際、たまりかねて私はこう言った。

「ねえ、みんな、知ってる？　遠慮や謙遜って、結構迷惑なことなのよ」

「青木さん、私思うんだけどね。人は、自分の欠点や弱点、といったネガティブな部分を受け入れることを恐れるよね。でも、それと同じように、いや、もしかするとそれ以上に、自分のポジティブな部分を受容することも実は恐れているんじゃないかと」

「ポジティブな部分も、ですか？」

「そう。例えば、知性の高さ、美しさ、影響力の大きさ、優しさ、自信、華やかさ、そして……自分の奥にあるコアな願い、志、理念、夢。それらを受け入れてしまうと、同時に発生する責任や周りからの妬み、期待に応えられなかったときの恥への恐れ、そして孤立や失敗、損をするリスクも同時に引き受けなければならなくなるからね。だから、人は遠慮や謙遜を言い訳にして、その持てる光を出し惜しみしたり、自分の中になかったことにしたりする。そしてとうとう、周りは、その人の貴重な資質を享受できなくなってしまう。ね、遠慮は社会の迷惑でしょ」

私はそれらの話を理解するのに精一杯で、小さくうなずくことしかできなかった。

さらに森尾さんは続けた。

「青木さん、保身ではない起点からの情熱があるなら、それは社会のため、その場のための大切な一筋の光よ。それがコアな願いというものなの。遠慮して引っ込めてしまわずそれを場に差し出してごらんなさい。どんなに不完全な形でもいいから。コアからの願いは人の心を動かすわ。遠慮して黙っているよりずっとましよ」

「黙っているより、ずっとまし……？」

「そう。不完全な形でも、保身と恐れに固まっている場に必ず何かゆらぎを与えるからよ」

森尾さんの顔は、今まで見たことがないほど真剣だ。

私は尋ねた。

「でも、言ってみて、周りから反発されたり、逆に無反応だったりしたらどうしたらいいのでしょう……？」

私はいつも周りの、そして相手の反応が怖かった。

「それはすべてただのフィードバックよ。傷つく必要はない。逆にありがたく参考にさせてもらって、さらに自分の願いを研ぎ澄ませばいいだけ。そうやって、何度も自分のコアな願いを磨きあげるの」

宝石の原石を削り出し、磨きあげるようなイメージが湧いた。

「何度も……」

「そうよ、何度も。以前お伝えしたと思うけど、コアな願いは体験を通して徐々に漉《こ》し出され磨き出されるのよ。自分の信じる行動を起こし、それを省みる。このプロセスがとても大事なの」

私は徐々にわかってきた。森尾さんも、そして西園寺さんも、きっとこの道を通ってブレない理念を持つリーダーシップを発揮し、コアリーダーになったのだ。

「……森尾さん、それは簡単な道ではありませんね」

森尾さんは、ゆっくりとした口調でこう答えた。

「ええ。これはリーダーシップのスキルではなくリーダーとしての在り方を追求すること。だから覚悟がいるかもしれない。自分の中の恐れや欲などの保身を自覚しながらも、深いところにあるコアな願いとともにいる覚悟が」

私は胸が震えた。

それは、そのような在り方に対する強い畏敬の念と、そして、極小さく、しかし鋭く輝く憧憬の芽生えだった。その魅惑的な輝きは私の心を絡め取ろうとした。しかし、

——だめ。私にはとても無理……。

私は小さく首を振った。

森尾さんは境界線に立つ私を見つめながらこう続けた。

「そのプロセスでは、きっと孤独、恥、敗北感、不利益……そんなものと直面することになる。だから、容易《たやす》いことではないかもしれない。でもね、青木さん。コアリーダーを志すこの

道は、本当に自分の人生を生きているという実感や、真の仲間と出会える道でもあるのよ」

生きている実感？　真の仲間？

それは私が今知っている生きる実感のようなものや、人間関係といったいどう違うのだろう。

人生にはまだまだ私が知らないステージがあるということなのだろうか。


最後に森尾さんは言った。

「青木さん、あなたはこの道を歩み続けることができると私は感じています」

私は思わず、

「そんな、私なんて……」と言ってしまった。

すると森尾さんは先ほどまでの真剣な表情をパッと崩して、

「ほら、また『私なんて』って言った。はい、その言葉、今日から禁止ね。　言ったら１回１００円！」と、おどけて笑わせようとしてくれた。

しかし私は、

「あ……は、あはは」と、中途半端な笑いしか出てこなかった。

へっぴり腰で信念に立つ

「最後まで自分の意見を言い切ってみなさい。自分の願いに立ちながら」

――私に本当にそんな強さがあるのだろうか。

私はこのミッションを目の前に葛藤した。これは、いつも私が抱える「人の期待に応えられない恐れ」、つまり森尾さんの期待に応えられない恐れからの葛藤ではない。

私を脅《おびや》かしているものは、あのとき感じてしまったコアリーダーという在り方への憧憬と、そこへ踏み出す恐ろしさ、そして、長く慣れ親しんだ平和主義でいい子ちゃんの生き方を手放す不安だ。

前へ進むのも怖い、でもこのままでも苦しい、そんな抜き差しならぬ状況を内側に抱えながら、私は週明けの日々を過ごしていた。

東野君は、小林さんに叱責を受けた翌日に会社を休んだ。熱が出たので病院へ行く、と連絡が入り、そのまま欠勤した。その翌日から先週末までは毎日出勤し、小林さんに嫌味を言われながら溜まった業務をこなしていたが、今週は2回ほど遅刻や早退をしていた。

——ちょっと気になるなぁ。今日の打ち上げで、東野君に声をかけてみようかしら、と私は思った。

今日は、決算月明けの軽い打ち上げがある。就業時間後に会社のフロアをそのまま使って立食形式で行う。ケータリングを頼んで軽食とジュースやアルコールで互いに労をねぎらう。

東野君は朝から定時どおりに出勤をしていた。総務部は打ち上げの幹事役を引き受けているので、東野君もちゃんと参加するつもりなのだろう。小林さんは朝から労務関連の外部研修に出かけており、夕方に帰社予定となっていた。心なしか、東野君の顔はリラックスしていた。

しかし、４時ごろから姿が見えなくなった。

今日も早退してしまったのかと思い、総務部のメンバーに聞いてみると、

「さっき部長に、たまにはお茶にでも行こうって声をかけられて、外へ出かけて行ったわよ。セント・アンドリューにでも行ったんじゃないかしら」

と、会社の皆が行きつけにしている近所の喫茶店の名前を挙げた。

先日の様子をただ傍観するだけの総務部長だったが、小林さんのいない間に東野君を励まそうとしているのかもしれない。部署内に味方になってくれる人がいてよかったと、私は安堵した。


６時近くになると、総務部の主導で打ち上げ会場のセッティングが始まった。手の空いている他部署のメンバーも手伝い、ケータリングされた食事が並べられた。

まだ業務が残っているらしい社員も、おいしそうな唐揚げやポップコーンの匂いにそわそわしていた。

「もういいや！　あとは来週にしよう」

と仕事を切り上げ、総務部の手伝いに加わる者もいた。

「ではみなさん、そろそろ打ち上げを始めますので、お集りくださぁい！」

６時を回ると、号令がかかった。

私もみんなと打ち上げスペースに足を運んだ。

綺麗に並べられた料理は、予想外に豪華でおいしそうだ。

銀色のお皿に盛り付けられたボリューム満点のオードブルに若い男性陣が歓声をあげた。女性が喜びそうなおしゃれなワンスプーン料理、色とりどりのフィンガーフードや数種の小さなケーキ類まである。

「わあ、去年よりずっとゴージャスね」

「今年はいつもと違うお店に頼んでみたそうですよ。サービスでスパークリングワインも付いてきたんですって。去年までお酒はビールしかありませんでしたから、なんかテンション上がりますね！」

後輩の純子ちゃんが嬉しそうに言った。

このところ悩み事が絶えなかった私は、久しぶりに華やいだ気分になった。今夜は夫とＤＶＤを観ながらワインを飲む予定になっているが、乾杯くらいは烏龍茶ではなくスパークリングワインにした。

「では、乾杯します！」

それぞれの手に、ビールが入った大きめの紙コップや、プラスチック製のシャンパングラスが握られた。いつの間にか小林さんも帰社していたようで、桃井さんや梅村さんに囲まれてシャンパングラスを握って談笑していた。

「みなさん、今期も本当にお疲れ様でした！　かんぱーい！」

掛け声とともに近くの人たちと乾杯した。空きっ腹にアルコールを流し込んだからか、数口飲んだだけでふんわりと気持ちよくなった。

同僚や後藤課長らとおしゃべりをしながら、しばらく食事を楽しんだ。決算明けで仕事はひと山超えたばかり、しかも明日はお休みということで皆がリラックスしているのか、フロア全体がよく盛り上がっていた。私も同僚らの冗談に大笑いしているうちに、気持ちが晴れやかになっていた。

「あ……」

ちょっとはしゃぎすぎたのか、うっかり袖口にオードブルのカクテルソースがついてしまった。

「しまった！　ちょっと洗ってきます」

と言って、私はオフィスの端の給湯スペースへ向かった。

流しにある給湯器からお湯を出しながら、ハンカチに石鹸水を含ませてソースの赤いシミを落とした。なかなか綺麗に落ちないな、と思って袖口をこすっていたら、誰かが給湯スペースに入ってきた。

小林さんだ。

「なんだ、あんたね。ちょっと、うちの東野知らない？　さっきから姿が見えないから探してるんだけど」

「い、いいえ、私は知りません。夕方近くに部長と出て行ったと聞きましたが」

私はどぎまぎして答えた。

「ふーん、部長と。全く、自分の所在は誰にもわかるようにしておけって言ってるのに、何回言ったらわかるのかしら。ほんとに要領が悪いんだから」

「あ、でも、他の総務部の方にはちゃんと伝言したようですが……」

東野君をかばうつもりでそう言った。

小林さんはじろりと私を見た。

「……へえ。あんたさ、あんな東野なんかに目をかけているんだったら、営業部でもらってくれない？　私から後藤課長に言っておくわよ。まあ、あれはだめね。あんなの部に抱えてたら部署全体の生産性が下がって仕方ないわ。そうしたら所属長の私が損をする。本当に使い物にならないのよね」

——なぜ、小林さんはこんな言い方しかできないのだろう。なぜ、これほど安っぽく人を扱うのだろう。

次々と出てくる人を馬鹿にした言葉に、私はじわりと怒りが湧いた。それを黙って抑えた。

「だいたい、あれは頭が悪いのよ。意味のないところに手をかけてるし、優先順位をつけられない。言わないとわかんないのよね」

無言の私を目の前に、先日の憂さ晴らしなのだろうか。小林さんの蔑みは止まらなかった。

「なんか動きもノロノロしてるし、仕事の覚えも悪い。下手したら新人にもあっという間に抜かれちゃうわね。顔だってぼーっとしちゃってさ。東野を見ていると、ほんとイラっとする。なんであんなにいつまでも成長しないままいられるのか、逆に不思議だわ」

「……そんなふう、だからじゃないでしょうか」

私は小さな声で言った。

「は？　何？　聞こえない」

「上司がそんなふうだからじゃないでしょうか……って、ちょっと、そう思って」

「はあ？　何が言いたいの？　あんたね、言いたいことがあるならはっきり言いなさいよ」

私は顔が真っ赤になるのがわかった。でも、もう止められなかった。お酒が軽く入っていたのもあるのだろう。今までの私には考えられないことを口走った。

「あ、あの……！　小林課長のやり方は、よくないと思います。誰でもだめになります。だめだって上司にレッテルを貼られたら、誰でもだめになると思います。ちゃんと愛情を……あの、一人ひとりの個性を大事にする気持ちを……」

「はあ？　要するに何？　何を言ってるか、ぜんっぜんわかんないんですけど」

小林さんの声が大きくなった。

「だから、えっと、あの、小林課長はだめだと思います。そんな上司、だめだと思います。私、新入社員のときに小林さんってかっこいい先輩だって思ってたのに……あの、今は、本当になんてひどい人なんだろうって、本当にひどいって思うんです」

そして、

私も真っ赤な顔をしていたが、小林さんも怒りで真っ赤な顔をして、私に何か言いかけた。

最後は叫ぶように言ってしまった。

「小林課長はもっと部下を見てあげるべきだと思います。部下は道具じゃありません。使えるとか、使えないとかじゃありません！　小林課長に上司の資格なんて、全くありません！」

と言いかける小林さんの言葉を遮って、

「あんたね……」


そこへ、総務部長が給湯スペースに顔を出した。

「小林君、ここにいたのか。ちょっと来たまえ」

「なんですか。今、青木さんと話してるんですけど！」

小林さんはいつもの調子で部長に言い返した。

「いいから来たまえ！」

総務部長は怒鳴った。普段は小林さんに対してやや腰が引き気味の彼だが、今までに見たこともない厳しい表情だった。

小林さんはそのまま総務部長に連れられて給湯スペースを出て行った。私はドキドキした気持ちを収めながら、何があったんだろうと思った。

そこへ、ふらりと桃井さんが入って来た。

「もう、ちょっとぉ、あんたも下手ねえ～。もうちょっと上手に言えないのぉ。ウケるわ」

桃井さんはくすくす笑ってそう言った。

私を生きる　あなたと生きる

「桃井さん、聞いていたんですか？」

私は驚いた。

「聞きたくて聞いたわけじゃないわよぅ。冷たい水でも飲もうと思って給湯スペースに来たらさぁ、2人の声が聞こえたのよ。でも、まあ、よく頑張ったわねぇ、青木ちゃん。えらい、えらい」

背の高い桃井さんは、私の額あたりで手をひらひらとさせてそう言うと、給湯室に入って来てフロア共用冷蔵庫を開けた。「桃井♡」と油性ペンで書かれたペットボトルを取り出し、桃井さんは喉をならして水を飲んだ。

「ふう、ちょっと飲みすぎちゃったぁ。スパークリングワインってアルコール度数が高いわよねぇ」

桃井さんは普段から少し酔ったような雰囲気の人なので、飲んでいてもいなくても、あまり様子が変わらない気がする。

「聞こえてましたか。ああ、恥ずかしい……。私、何かすごいこと言っちゃった」

ようやく我に返ってきた。

あの小林さんに向かって、あんなにストレートに言いたいことを言ってしまった。なんてことを……。どうしよう……。

――でも、いい。もう……いいや。

不思議なことに、化粧室やフロアで小林さんに意見をしてしまったときと違い、今回はどこか清々しい気持ちが満ちていた。

怒らせようが、嫌われようが、どうでもいい。

そんなことより、私は自分が言いたいことを、言わなくてはいけないと思ったことを、遠慮せずちゃんと言えたと感じ、内側からエネルギーがみるみる湧いた。何だか、自分が頼もしい。

勇気を持ってコアな願いを大事にすると、このような感覚になるのだろうか。

そりゃ……、ちょっと、支離滅裂だったけれども。

「確かにあんた、すごいこと言ってたわねぇ。上司の資格がない、なぁんてさ。さすがのこばちゃんも、あんなことを言われたのは初めてなんじゃないのぉ。あはは」

「え……私、そんなこと言っていましたか?」

最後のほうは、自分でも何を言ったか覚えていなかったが、確かにそれはちょっと言いすぎだ。

「言ってた、言ってた。あんた、さっきのことなのに覚えてないの? あのキツイ一言。まあさぁ、青木ちゃんみたいな子ってさ、その辺の経験が不足してるから、いざってときの手加減がわからくて、逆にきついこと言っちゃうのよねぇ」

「その辺?」

「そう、喧嘩とか、反抗期とか足りてないのよぉ。どうせ旦那にも気を遣って夫婦喧嘩なんかしたことないんじゃないのぉ？」

確かに、私たちは夫婦喧嘩をしたことがなかった。

そういえば、私は友達とも面と向かって口論をしたことなど一度もない。反抗期はそれなりにあった気がするが、多少そっけない態度を取る程度で、大きな反発や親子喧嘩をしたことはなかった。

「確かに……」

思い巡らせて、私はそう言った。

「でしょお。お人好しでいい子ちゃんの青木ちゃんはね、そういうことの経験不足なのよぉ。旦那とくらい、たまには喧嘩して実践を積んだほうがいいわよ。せめてわがまま言って困らせるくらいしてさ、自己主張の練習しなきゃ」

「自己主張の練習ですか……」

「そうそう。そしたら、さっきみたいにへっぴり腰の言い方になったり、逆に勢い余って言いすぎたり、なんてことしないで、言いたいことをさらっと率直に言えるようになるものよ。そのために、まずは安全な相手で練習したらいいのよぉ」

桃井さんは言葉はぞんざいだが、実は優しい人なのだな、と私は感じた。

そして、桃井さんはもう一口水を飲んで、ふう、と息をつくと、こう言った。

「でもさぁ、こばちゃん、あとでちょっと嬉しくなるかも」

「えっ？」

私は驚いた。

「どういうことですか？」

「だってさぁ、さっきみたいにこばちゃんに感情丸出しでまっすぐ体当たりして来る人って、社内にはいないもん」

「そ、そうなんですか？」

自分の感情を垂れ流すことは失礼なことで、相手を気遣い、朗らかに丁寧に接することが人を大事にすることだと思ってきた私には意外な視点だった。

「そういうのって、嬉しいものなのですか？」

「当たり前よ。気を遣って接してきたって、相手を感じられやしないじゃない。本音や本心で向き合ってくれたときだけ、人は愛で繋がれんのよ。……って、これ、恋多き女のあたしの持論だけどねぇ」

酔った桃井さんは饒舌だった。そういえば、50代の桃井さんは現在独身だが、実は大恋愛の末の結婚と離婚を繰り返し、バツ2だと聞いている。

「なんかうちの会社ってさぁ、みんな腫れ物に触るようにこばちゃんに接してるじゃない。ああいうのって、実は傷つくのよねぇ。まあ、こばちゃんが社内で幅を利かせ過ぎちゃってるのも問題だろうけどさ」

桃井さんは小林さんの親しい同僚でありながら、ちゃんと冷静に小林さんを見ていた。

「でもさ、こばちゃんもかわいそうなのよ。昔、下駄履かされて、はしご外されて、散々だったんだからぁ。だから、今ああなっちゃってるってとこ、あるんだから」

下駄？　はしご？　かつて、小林さんにいったい何があったんだろう。

桃井さんのおしゃべりは続く。

「10年くらい前だったかなぁ。経営層がうちにも女性管理職を作るぞって言い出して、我が社初めての女性管理職としてこばちゃんに白羽の矢を立てたわけよ。そのときの上司……まあ、もう定年しちゃった人なんだけどさ、俺が絶対フォローするから女性課長第1号になってくれってこばちゃんに言ってさぁ。

でもさ、私たちが若いころは、青木ちゃんたちの世代と違って、男性社員が定期的に受ける社員研修も女性はほとんど受けさせてもらえなかったの。だから、管理職になる準備のためのマネジメントの基本的な知識も経験も全く不足しているのにさ、何のトレーニングもなしのまま、こばちゃんに下駄をはかせようとしたのよねぇ。ほんと、バカよねぇ。

とはいえ、下駄さえ履かせてもらえなかった私なんか、ぶら下がり社員、なんて陰では言われちゃってるらしいんだけどね。失礼よねぇ。別にぶら下がるつもりはなかったんだけどさぁ、あんたたちの時代と違ってなんの研修もキャリア制度もなかったし、仕事のローテーションも会社からの期待もなーんにもなかったんだもの、仕方ないじゃないねぇ」

桃井さんはここでペットボトルの水を一口飲んだ。

「……と、何の話だっけ？　あ、そうそう。

でさ、こばちゃん、ああ見えて義理人情に厚いところがあるのよ。その上司にはこれまでお世話になってるし、フォローしてくれるんだったら一肌脱いでやるかって言って、引き受けたわけよ。そしたらさぁ、ちょっと本当にひどいのよ。初めての女性課長ってことで他の課長陣からやっかみを買っちゃってね。まあ、彼女はもともとよく仕事ができたから、課長たちも焦ったのかもねぇ。

こばちゃんさ、課長会議のとき、発言の足元をすくわれたり、適当にスルーされたりとか、しょっちゅうだったみたいよ。女性の発想は意表を突くねぇ、いやぁ、勉強になりますな、なんて冗談にして流されてさぁ。そのくせ、こばちゃんが言ったことと同じ内容を他の男性課長が発言したら、それはちゃんと議論に取り上げられたりしてたんだって。そりゃ悔しいわよねぇ。

それに、男性の管理職だけで、喫煙ルームや夜の飲み屋で勝手に話が進んでたりして、こばちゃんだけが知らない状態で物事が進んでいったりすることもあってさ。すると、彼女の課だけ情報が行き届かなかったりして、当然部下たちもこばちゃんのマネジメントに不服が出るわけよ」

桃井さんの話は止まらない。

「たまりかねて、課長に引き上げてくれた上司に相談にいったりしたらしいの。でもさ、その上司ときたら、どう対処したらいいかわからなくなって放り出しちゃったのよぉ。忙しいからまた今度、とか言って毎回逃げられてさぁ。

どうも、他の管理職たちから反感持たれることを敬遠したらしいのよぉ。必ずフォローするって言ってたくせに、結局こばちゃんのことは慰めもせず、守りもせず、何も教えず、完全にほったらかしたの。はしごを外されたってそういう意味よ。下駄を履いて登ってたはしごを、よ。たまったもんじゃないわよねぇ。

かわいそうに、こばちゃんはそうやって恥ばかりかかされながら孤立無援で戦うハメになっちゃったのよ。こばちゃんさぁ、何のために私を管理職にしたのよって、何回トイレで悔し涙を流していたことか」

桃井さんの話を聞くにつれ、私の中の小林さん像が少しずつ変わってきていることに気づいた。

「でもさ、あの子も勝気だから、陰ではそうやって泣きながらも必死で仕事に食らいついていったのよ。一緒に飲みに行くと、絶対見返してやる！　っていつも怒り泣きしながら宣言してたわ。平日の夜も土日もめちゃくちゃ勉強して知識をつけて、あらゆる手を使い、業績を積んで、社内政治力もつけて、なりふりかまわず仕事に体当たりしてさ。それで今のこばちゃんがあるってわけ」

小林さんが放っていたいくつかの言葉を思い出した。

私が損しちゃう、生産性下がるわ、使えない部下なんかいらない……それらの言葉の根っこには、かつて奈落の底に突き落とされたときの痛みと、そこから這い上がりながら募らせた怒りがあったのだ。

なめられちゃいけない。弱みを見せたら、負け。もう誰も信用しない。もう絶対お人好しなことはしない。私はもう、損したくない！

そんな小林さんの叫び声が聞こえた気がした。


ふと、私は泣きたい気持ちになった。

いや、すでに少し涙ぐんでいた。

「ちょっとぉ。あんたは泣き上戸？　なに目に涙溜めてんのよ。ほんと笑えるわねぇ、青木ちゃん」

桃井さんは、私の頭を手のひらでぽんぽんと撫でた。

「小林課長が、いじらしくて……何だか、すごく」

と言ったら、ぽろりと一粒涙がこぼれてしまった。今まで感じていた小林さんへの憤りが私の中でみるみる氷解してしまった。

「あははっ！　20歳も離れた子にいじらしいなんて言われて、こばちゃんも拍子抜けするわねぇ」

そしてこう続けた。

「でもさぁ、青木ちゃん。いい子ちゃんを脱いだあんたは、結構いいやつね。あんたのことがよくわかってきたわ。いつもそうしてくれていたら私もあんたと繋がれる気がするわねぇ」

「え……？　どういう意味ですか？」

「カチコチの鎧をかぶって生きていないで、本音と本心で自分を生きなさいって言ってんの。じゃなきゃ、人と本当のつながりなんて持てないわよ。私を生きて、初めて誰かと生きられるのよ。あらぁ？　今日、この話２回したんじゃなぁい？」

そこまで話すと桃井さんはペットボトルにキャップをはめて、冷蔵庫に戻した。

「あ～あ、なんか、めずらしく真面目な話しなんかしちゃったから、お酒が冷めてきちゃったじゃないのぉ。さてと、今度はビールでも飲んでこようかしらねぇ。じゃあねぇ～」

そう言って、また入ってきたときと同じように、手をひらひらさせて桃井さんは給湯スペースを出て行った。

本音と本心——鎧を脱いで剣を置く

打ち上げ会場に小林さんが再び姿を現すことはなかった。総務部長と東野君も不在のままだった。純子ちゃんたちに２次会に誘われたが、私は夫に20時には帰ると約束していた。一緒にＤＶＤを観る約束をしていたし、今日起きたいろんなことを話したかった。

自宅マンションに帰ると、まだ夫は帰宅していなかった。

「あれ？　早めに帰っておいでねって言ってたのは、彼なのに」

私たち夫婦は揃ってクラシックな推理ドラマのファンだった。

名探偵ポアロ、ミス・マープル、刑事コロンボなどのＤＶＤをレンタルして何度も観ている。中でもシャーロック・ホームズのシリーズが２人のお気に入りだ。

先日、夫が通販でジェレミー・ブレットがホームズを演じた『シャーロック・ホームズの冒険シリーズ　完全版』というＤＶＤのセットを見つけた。シャーロック・ホームズは最近上映された新しいものもおもしろいが、このシリーズが私たちは一番好きだった。

今週ようやくそのＤＶＤセットが自宅に届き、これから毎週金曜日にワインを飲みながら数話ずつ一緒に観よう、と２人で楽しみにしていたはずなのに。

「どうしたのかしら。どこかでご飯でも食べているのかなぁ」

時計を見ると20時を少し過ぎていた。

〝今、家に帰ったよ。ホームズ、今日から一緒に観るんだよね。帰宅は何時くらいになりそう？〟

とメッセージを送った。

しばらく画面を見ていたが、既読にならなかった。仕方ないのでシャワーを浴び、部屋着に着替えてリビングに戻った。

テーブルに置いておいたスマホを見ると、10分ほど前に返信が来ていた。

〝ごめん！　ちょっと上司に捕まった。軽く食事に付き合っていたけど、もう切り上げる。〟

と書かれていた。

夫の会社は自宅からあまり遠くない。会社の近くで食事をしているなら、タクシーを捕まえ

て20分程で帰宅するだろう。じゃ、もうすぐ帰ってくるのね、と思って、

〝はーい！　待ってるね〟と返信した。

そのあと私はワインに合わせて、簡単なおつまみを2品ほど作った。作っている間にでも夫が帰ってくるかと思ったが、夫は戻らず、メールもない。しかたないので、今度はお料理アプリでおいしそうなおつまみを探し、さらに2品作ってみた。ちょっとした手間のいるレシピだったが、おいしそうにできた。それらを綺麗にお皿に並べてから時計を見ると、とうに21時を回っていた。夫はまだ戻って来ないし、メールもない。

しびれをきらして、SNSでメッセージを送った。

〝まだかな？　何時くらいになりそう？　ほ〜ら、ワインのおつまみを作ったよ！〟

先ほど作った料理の写真を添付した。しばらく画面を見ていたが、既読が付かない。もう切り上げるよ、とメッセージを送ってきてから、1時間近く経っている。

楽しみにして待っているのにな……、と私は少し悲しくなった。しかしその気持ちを押さえ込んで、もう1通送った。

〝お付き合い大変ね。帰る時間がわかったらメールちょうだいね。〟

送信ボタンを押すと、私はリビングに移り、DVDボックスから第1巻を取り出し、テレビボードの上に置いた。

キッチンから用意したおつまみを運び、リビングのセンターテーブルに並べ、ワイングラス

をその横に2つセットするとすることがなくなった。

ふと爪を見ると、マニキュアがうすく剥がれていた。ベッドルームに移り、ドレッサーの前でコットンにリムーバーを含ませてマニキュアを拭き取り、爪を休ませるためにトリートメントオイルをたっぷりと塗った。そして、両手の指に1本ずつやすりをかけはじめた。

ベッドに置いていたスマホが鳴り、メッセージが届いた。夫からだ。

待ちかねていた私は、「きた！」と言って、爪やすりを放り出し、スマホに飛びついた。

しかし、画面に映し出されたメッセージには、〝ごめん、どうしてもって言われて、カラオケに連れて行かれた。1曲だけ歌ったら抜け出すよ〟とあった。

「もう！」と私は軽くショックを受けて小さく叫んでしまった。

今からカラオケに行くのであれば、帰宅はきっと23時を回る。私たち夫婦はあまり夜更かしをするタイプではない。このままではワインもDVD鑑賞もせっかく作ったおつまみも、ゆっくり楽しむ時間はほとんどなくなってしまう。

私は悲しい気分のまま返信のメッセージを打った。

〝気にしないで。上司の相手もお仕事だもん、仕方ないよね。なるべく早く〟……、ここまで打ちかけて、首を振った。

「これ、私の本音じゃないわ。いい子ちゃんをやめるんだった。うん、私はいい子ちゃんをやめる！」

先ほどの一文を消去し、感情の溢れるままにこう書いた。

〝え〜！　すぐ帰るって言ったのに信じられない。私、２時間も待ってるのに、ひどいじゃない。〟

その勢いのまま、送信ボタンを押しかけた。

しかし、あ、と思って、その指を止めた。

「うーん、これは確かに本音のままに書いたけど……違う。これは私の素直な言葉じゃないわ、棘がある。私は彼を傷つけたいわけじゃない。私は自分も彼も大事にしたい。だから、えっと……鎧を脱いで、そして……そう、剣を置いて……」

剣を置く、という表現を桃井さんはしていなかったが、そのとき、ふとそんな言葉が口をついて出た。私は先ほどのメッセージを消去し、鎧を脱いで、そして剣を置いて、再度打ち直した。

〝おつきあい、本当にお疲れさま。実は私、今日、ホームズをあなたと観るのがとても楽しみだったの。聞いてほしい話もあったから、さらに遅くなるって聞いて、なんかちょっとショックだな……。できるだけでいいから、早く帰ってきてくれたら本当に嬉しい。〟

と書いて、自分の気持ちとすり合わせた。

「うん、私は自分の気持ちを我慢してない。でも、相手を突き刺す言葉もない。私の素直な気持ちと正直な願いを、遠慮せずにちゃんと書けてるよね」

と確認し、送信を押した。

「本音や本心で向き合え」と桃井さんが言っていた。あのとき本音と本心って言葉を使っていて、その2つはどう違うのだろうとふと思ったが、こういうことなのかもしれない。本音は感情のこと。そして本心はその感情の奥にあるコアな願いのこと……。時に感情がかき消して見えなくなってしまうこともある、素直な正直な想いのこと。

ピコーン！とすぐ返信が来た。

〝わかった、すぐに帰る。ほんと、ごめん！〟と書いてあった。

相手を慌てさせたことで一瞬申し訳なさを感じ、急がせてごめんね、と返信を打とうとしたが、これも遠慮の1つかもしれないと気がつき、またメッセージを打つ手を止めた。

「えっと……、遠慮しないで彼のこのメッセージを受け取ったとしたら、今の私の素直な気持ちは……そう、申し訳ない、じゃなくて、嬉しい！　だわ」

ちょっとスキップしたい気分になった。「そっか、喜びの本音だったらその感情をむき出しにしてもいいわよね」と弾んだ声で独り言を言った。

〝ほんと？　嬉しい！　ありがとう。じゃ、待ってるね。〟

と、書いて、メッセージの後にウサギが飛び上がって喜んでいるスタンプを添えた。

スマホを閉じると、手早くネイルケアの道具を片付け、ベッドルームからリビングに戻った。

すると今度はスマホの電話着信コールが鳴った。

「もしもし」

「今、タクシーに乗ったよ」

「早い！　ありがとう。そして、上司の方にも無理を言って申し訳ないって……あ、じゃなかった。無理を聞いてくださってありがとうって伝えておいてね」

すると夫は軽く笑いながらこう言った。

「それがさ、奥さんとの約束があったのなら、早く言いなさいって、逆に叱られたよ。上司も愛妻家なんだよ」

「上司も？　うふふ、ということは、あなたも愛妻家ってことでいいかしら」

私はちょっとからかう気分で軽口を言った。

「当たり前じゃないか。会社じゃ僕は愛妻家で結構有名なんだぜ」

「そうなの？　知らなかった。なんか嬉しい！」

私は、本当に嬉しくなってそう応えた。

「どうしてだろう。今日は普段よりずっと距離が近い気がする」

夫は小さな照れと戸惑いが混じるような声でそう言った。

「え？　もう家に着きそうなの？」

「そういう意味じゃないよ。ま、いいや。じゃ、あと15分くらいで着くから」

と言って、電話は切れた。

嫌われるのを恐れて、心にもない気遣いの言葉を伝えるのではなく、思い切って正直な自分の願いを伝えてよかった。

もしかして、私は夫に対して何かコアからのリーダーシップを取ったということになるのかもしれない。コアから影響力を発揮するとは、こういうことなのだろうか。

切れた電話を見つめながら、私はふと思った。

大切にし合おう、1ミリの自己犠牲もないところで

月曜日、職場のフロアがざわついていた。

純子ちゃんが他の同僚らと3人で輪になってこそこそおしゃべりしていたので、「何があったの?」と声をかけた。

純子ちゃんは小声で私に言った。

「それがですね、今日は東野君と小林さんが2人ともお休みなんです。一応は有給休暇ってことになっているんですけど、本当は出勤停止中なんですって」

「え? なんで?」

金曜日に総務部長に呼び出されていった2人だ。何があったのだろう?

「なんでも、東野君が問題を起こしたそうなんです。溜まった仕事の処理が間に合わなくて、社内処理の日付データや、取引先の支払い期限を過ぎてた書類の日付データまでも、勝手に変えちゃってたんですって。これまでも、小林課長の上長印を勝手に押してそういう書類をこっそり通していたらしくて。今回の決算処理でそれらが全部明るみになったらしいんですよ」

「上長印を勝手に? 東野君、そうとう追い込まれていたのね。それにしても純子ちゃん、よく知ってるね」

すると、純子ちゃんの隣にいた女性後輩が、「いえ、私が総務部の同期から聞きました」と言った。

「その総務部の彼女も、事実確認のために土曜日に会社に呼び出されてヒアリングを受けたんだそうです。えーっと、懲戒委員会でしたっけ？　これからそういうのが開かれて処分が決まるらしいです」

「そうなんだ……。それで、どうして小林課長もお休みなの？」と私は尋ねた。

「なんでも、東野君がそれらの不正を働くことになった原因が、上司と部下の関係性の悪さにあるのではないかということで、２人とも結果が出るまでお休みらしいんです。それに、もしそう判断されたら、今回は東野君より小林課長のほうが処分が重くなるかもしれないって噂ですよ」と続けた。

「そうなの？　どうして？」

今度は純子ちゃんと同期入社の西本君が、

「そうなんっすよ。こういうのって、その関係性を放置した管理者の責任のほうが大きい場合が多くて、東野のやつは始末書程度で、小林課長は減給とかかもっすよ。僕、組合にいたときに社内懲罰関連の勉強会に出たことがあって、似たような事例を聞いたことがあるんすよ」と言った。

なるほど。東野君は入社２年目だ。今年、彼の下に後輩が入社してきたとはいえ、まだまだ指導や育成が必要な段階でもある。

「そう……、大変なことになったわね」

と私は小さくため息をついた。西園寺さんが管理職を務めていたときも、関係性の悪さから部下が小さなルール違反を起こしていた。部下もやりたくて不正をするわけではない。上司側の配慮ひとつで、部下は不正を犯さずに済む、ということが組織にはよくあるのかもしれない。

「上司と部下の関係性って、本当に大事なのね……。それにしても、小林さんのダメージは大きいでしょうね」

桃井さんの話を聞き、彼女のことを理解はできるが、いつまでも横柄で傲慢なマネジメントスタイルを変えられなかった代償は大きい。

「僕、こう言っちゃ何ですが、ちょっとせいせいしましたよ」と、西本君が言った。

「せいせい？」

「そうですよ。こないだ東野のやつがみんなの前でコテンパンに言われてたじゃないっすか。僕、さすがに言い方があるだろうって、内心ムカムカしてたんっすよ。なんか、いい気味です。……あ、すいません、言いすぎっす」

普段からわりと率直な西本君はそうやって言いたいだけ言うと、頭を掻いた。

すると女性後輩が思い出したように言った。

「そうだ、あのとき、青木さんは1人で東野君のフォローに入りましたよね。私、おおーって思ったんですよ」

「そうそう、僕も！」

「あ、私もです。みんな黙って見ているだけで、誰か止めればいいのに、って思ってました。でも、私なんかが言っても、っていろいろ思っちゃって……」

と純子ちゃんは言った。

「それは私もみんなと一緒よ」

と私はあのときの自分を振り返ってそう言った。

「でも、青木さんは本当に小林課長に何か言ったじゃないですか。私も純子ちゃんと同じように、東野君がかわいそうだと思って見ていただけでした。でも、青木さんがああやって東野君のフォローに入るのを見て、やっぱり小林課長は言いすぎなんだって思いました」

と女性後輩が純子ちゃんに同意する。

「うんうん。あれは厳しすぎるわ。私、あのとき東野君の顔を見てられなかったもの」

と純子ちゃんが言うと、他の2人も一緒にうなずいていた。


今となっては、私の行動が正しかったのかどうかわからない。

しかし、あのときの私の衝動……保身を超えた情熱からの衝動は、森尾さんが言うとおり、多くの人が様々な感情を押し込めることによって固まってしまったあの場に、揺らぎを与えていたようだった。

つまり、あの一瞬、私はコアリーダーだったのかもしれない。

自分の内側をよく観察するようになってわかってきたことがある。恐れで押し込め、蓋をした正直な想いは、どれも優しいということだ。その蓋の下で、誰かを大切にしたい願い、そして、自分自身を慈しみたい願いが蠢《うごめ》いている。

秘めた優しい想いは、こうして誰かの丸腰の衝動で思いがけず触発され、恐れを乗り越えて表に出てこようとすることがあるのだ。それは、とても尊い現象のような気がした。

どれほど厳しく一方的に緊張した場であったとしても、その優しさを、つまり自分の中にあるコアな願いを見失わず場に差し出すことを忘れないようにしたい。私はそのとき、強く思った。

——そう、私は人を大切にしたい。そのとき、たとえ損をしたとしても。だって、私は根っからのお人好しだもの。

「でもさ、そういう小林課長のことも……最近は理解できるようなことがあってね。今回のことがきっかけになって、誰か小林課長と腹を割ってしっかり話ができる存在が社内に生まれたら、また小林課長も変わると思うのだけど」と私は言った。

すると、西本君が顔の前で大きく手を振りながら

「いやぁ、ありゃダメっすよ。変わるわけないっす」と言った。

「うんうん、無理無理」と他の2人も声をそろえて反論した。

しかし、私は桃井さんの話から、小林さんがそこまで柔軟性を欠いた女性ではない気がした。

彼女はちょっと長く意地を張りすぎているだけなのだ。

「そんなことないと思う。小林課長はきっとわかる人だと思う」と、私は言った。それを信じたかった。これは私のコアな願いだ。

「もう、青木さん、お人好しすぎっすよ」と、西本君が呆れたように笑って言った。

「そうですよ。人が良すぎます。私たち、最近青木さんは小林課長に目を付けられてやばいんじゃない？　って心配してたんですよ」と純子ちゃんも言った。

「あら、隠していたつもりだったのに、みんな気づいていたのね」

と、私は言った。そして、

「でもね、いいの。私、お人好しだもん。人を大事にしたいし、お互いを大切にし合いたいのよ。そうじゃないと、なんか嫌なの。居心地が悪いの。とくに同じ職場で働く人たちとはさ。……ねえ、私さ、これからもっと馬鹿みたいにお人好しでいこうかな。すごく頑固なお人好しとかって、なんかよくない？」と言った。

「え？　急にどうしたんですか？」

「あはは、頑固なお人好しって初めて聞きました。でも、それ、お人好し道《どう》を貫く、って感じっすね！」

「お人好し道！　ちょっとウケる！」と、純子ちゃん達は勝手に盛り上がった。

嫌われてもいい、損してもいい。

今までコンプレックスだったこのお人好しを、逆に磨き上げ、徹底的に貫いてみるのはどうか。そうだ、これを手放したら私じゃなくなる。私はこれでいいんだ。

すると、急に何か晴れ晴れした気持ちが湧いた。

うん、これでいい。

綺麗ごとすぎるかもしれない。でも、行けるところまで私はこのお人好しで行ってみよう。存分に、遠慮なく、目の前の人を大切にしよう。

「うん、そうだね、私、そのお人好し道を貫くよ！」

「え？」

純子ちゃんたちは、少々真剣な声に驚いたように私を見た。

ふと夫の言葉がよぎった。そうだ、お人好しがすぎて排気ガスを出すことはしないようにしないと。

私はこう言い直した。

「私はお人好し道を貫いて、目の前の人とお互いを大切にし合うの。1ミリの自己犠牲もなしに」

言い切ってわかった。これは私の、真摯なコアからの願いだ。

3人は顔を見合わせて、きょとんとしていた。

解説　コアリーダーに向けて大きな一歩を踏み出した青木さんの成長

コアリーダーとしての管理職に向けて、青木さんは本章でさらなる一歩を踏み出したことに気づかれたでしょうか？

これまでの青木さんは、1つの強みとして、他者との協調性を性格的なものとして兼ね備えていました。同時に、そうした性格的な側面のみならず、発達段階としても他者とぶつかることを避ける他者依存段階の特性も持ち合わせていました。

本章の途中で、東野君をかばうために、青木さんが小林課長に意見を述べる場面があります。この場面においては、確かに青木さんは自分の内側の声（内なる正義感）に従って、小林課長に意見を述べようとします。

しかしここでは、小林課長に意見を言おうとしたところまでは自己主導的であったものの、自分の考えを明確に小林課長にぶつけるところまではいきませんでした。

この現象をキーガンの理論に基づいて考えてみると、青木さんは他者依存段階と自己主導段階のちょうど中間の段階に差しかかっていたと言えます。

より厳密には、2つの段階の間で板挟みとなり、結局、他者依存段階のほうに後戻りする力が強い段階にいたと言えます。

この段階では、自己主導段階の特性が徐々に強くなり、自分の考えを表明しはじめるのですが、他者と考えがぶつかり合うときには、相手に歩み寄ってしまうという特徴があります。まさに、東野君をかばおうとして小林課長に意見を述べようとした青木さんの行動は、2つの段階に板挟みとなり、自己主導段階の方向に進むのではなく、他者依存段階に後戻りしてしまう力から生まれたものだと考えられます。

そこから青木さんは、森尾さんとの対話によって、さらなる成長に向けたヒントを得ます。本章の最後で、小林課長とぶつかる場面では、確かに加減のない物言いでしたが、青木さんは小林課長に自分の考えを明確に表明することができました。この行動は、他者依存段階と自己主導段階に板挟みになっていながらも、他者依存段階のほうに屈するのではなく、自己主導段階に進もうとする際に生まれたものだと考えられます。

これをもって青木さんは、他者依存段階の度合いが強かったこれまでの発達段階から、自己主導段階の度合いが強い発達段階へ一歩歩みを進めたと言えるでしょう。

もう1つ見逃せない点は、自己主導段階の度合いが強くなると、「視点取得能力」に変化が見られ、取れる視点の数が増加するという特徴です。

確かに青木さんは小林課長と激しくぶつかりましたが、重要な点は、ぶつかった後に小林課長の置かれている状況や立場（さらには小林課長の過去の歴史）に立って様々なことを考えていた点です。小林課長が過去に辛い体験をしていたということ、そうした体験が今の部下に対する態度を生み出している可能性があるということなど、青木さんは小林課長のこれまでの経験と現在の双方に関して様々な視点を取っていることがわかります。

本章の最後の場面において、周りの同僚たちは、小林課長が東野君に取った行動の表面的な部分しか見ておらず、一様にして小林課長の行動を批判することしかしていません。

それに対して青木さんは、小林課長がそのような行動を取った要因がどこにあるのかにまで視点を取っていることは注目に値します。

このように、青木さんは他者依存段階から自己主導段階に向けての大きな一歩を踏み出し、取れる視点の幅と深さが増したと言えるでしょう。

その一歩はまさに、本文の言葉で言えば、コアリーダーに向けての大切な一歩だと言えます。

青木美智子の学びノート5

□食べ物ひとつを選ぶときでさえ、
自分の起点（エゴかコアか）を確認する。

□自分の願いから動く。周りの反応に傷つく
必要はない。
その反応を参考にして、自分の願いをさらに
研ぎ澄まし、コアな願いを磨き上げて動く。
このプロセスがとても大事。
それがブレない理念をつくり上げる。

第6章

コアリーダーになる!

——相互発達段階(自己変容段階)へのステップ

コアな願いを磨き上げる

気持ち悪い。

何日も続く、長い舟酔いをしているようだ。

あれこれ人と話したり、書類を書いたりと忙しくしていると気も紛れるのだが、長い時間じっとしていると、どうしようもなく辛くなってくる。


「青木ちゃん、顔色悪いよ。ほら、これ」

会議室の外の廊下のソファに座っていた私に、小林さんが炭酸水を買ってきてくれた。

「今日の課長会議、長くなっちゃったからね。こんな時期に無理しすぎちゃだめよ。私は妊娠したことがないからわかんないけど、今は大事な時期なんでしょ」

4年前、営業部の男性係長の海外赴任と同時に、私は係長に昇格した。

その2年後、係長職のまま、古巣のマーケティング部企画リサーチ課へ異動となった。新しい課長のもと、消費者動向リサーチを担当している。

そして今、妊娠3か月目だ。最近つわりが強くなってきている。

「はあ……、気持ち悪い。せっかく話がいい感じにまとまって終わりそうだったのに、あの部長が一言水を差したあたりから、何だか会議が長引いてしまいましたね」

そう言うと、小林さんは呆れたようにこう答えた。

「まったくよ。だいたい、あの部長は、なんでもいいから発言して会議で存在感を残そうとするタイプだから困るわよねぇ。簡単に賛成すると能無しに見えそうなのが嫌で、どうでもいいことにケチつけちゃってさ。『リスクヘッジのためにオルタナティブな案を複数考えるべきじゃないのかい』なんてカタカナ用語を並べて、『俺イイこと言った』感を出したらそれで満足してんのよ。浅はかよねぇ。それが証拠に、そのあとは何にも発案しなかったでしょ。オルタナティブはどこ行ったのよ。まったく、魂胆がみえみえなのよねぇ」

小林さんは部長のモノマネを挟みながら毒舌をふるっているが、核心を突いている。

「あはは……。うー、それにしても気持ち悪い……」

「ほら、早く飲みさないよ」

小林さんは私が握っていた炭酸水のペットボトルを取り上げ、キャップを開けて渡してくれた。

ひとくち飲むと、炭酸がきゅっと爽やかに喉を通り抜け、胃をすっきりさせてくれた。

「はあ、炭酸水っておいしい。ありがとうございます」

「それにしても、あんたがこんなにお勉強熱心な子だったとはね。星野課長に任せておけばいいのに、こうして課長会議に参加したりしてさ。おかげで私も駆り出されちゃったじゃない」

今、我が課では、課内の若手メンバーに加え、他部署からも代表者を募った研究会を運営している。多様化する働き方の動向を調査し、そのニーズを探る新商品研究会だ。総務部からは小林さんが自ら手を挙げて参加してくれている。私は係長としてその研究会のリーダーを任されている。私の直属の上司である星野課長はプロジェクトのオブザーバーを担っている。

「すみません、お誘いして。一緒に参加していただけると心強くって、星野課長に小林さんの同席をお願いしちゃいました」

小林さんは2年前、役職定年を迎えた。その後、そのまま総務部に在籍している。

今回、小林さんの同席をお願いしたのは大正解で、危うく研究会の予算が削られそうな流れになったとき、勢いよく切り込んでそれを制してくれた。

「それに、実は、今回は星野課長のご配慮なんですよ。今のうちから1つ上の視点を体験しておいたほうがいいから、ときどき課長会議に同席するのはどうか、と言ってくれていました。今日は星野課長が研究会の中間報告をしてくださる日でしたので、上の方々の反応も見れてちょうどよいと思って」

こういうことを、ワクチン的なプレビュー、というらしい。次のキャリアに進んだときに、どんな状況に直面するのか、そのときどんな対応が求められるものなのかを知っておき、「抗体」を作っておくのだと星野課長は私に説明した。

「はいはい、ご立派、ご立派。そう提案されて、本当にちゃんと同席する姿勢だけでも、見上げたもんだわ。それにさ、課長会議の参加だけじゃなく、社内通信教育ビデオとか、外部のセミナーとかもよく受講しているって聞いたわよ。係長になる前のあんたってさ、スポーツジムに行って、流行《はや》りのお店でグルメを楽しんで爪に色を塗って、お気楽にOL生活する普通の子だと思ってたわ。こんなに意識高い系だったとはねぇ」

嫌味のように聞こえる言い方だが、これは小林さん流のほめ言葉だ。

「それは……、実は小林さんのおかげです」

「は？　私何もしてないわよ」

「以前、桃井さんから聞いたことがあるんです。小林さんは課長になったばかりのころ、本当によく勉強をされていたって。会社が女性社員に何の教育投資もしていなかった時代に、小林さんはよく外部の講習会を探し出して自腹で参加していたって」

「大した話じゃないわ、若いころのことよ。それに私はあんたみたいに前向きな気持ちじゃなくて、恨みとリベンジ精神しかなかったわよ」

これは、小林さん流の謙遜だ。

「それにしても、桃ちゃん、そんなこと話してたの？　まあ、余計なことをペラペラとまったく。次の夏休みには、なんとかニンゲンに遊びに行くから叱っておかなくちゃね」

「フローニンゲンですよ」

桃井さんは、1年前にオランダのアムステルダムへひとり旅に出かけた。ゴッホ美術館で回覧中、疲れて館内のベンチで休んでいたときに、オランダ在住の日本人とオランダ人の2人組の男性と知り合い、3人で絵画の話で意気投合した。そのまま彼女はオランダ人の男性と恋に落ち、あっさり会社を辞めて結婚してしまった。

今はオランダ郊外のフローニンゲンという街に住んでいる。世界で一番平均身長が高いオランダ人だけに、その男性は長身の桃井さんよりはるかに背が高く、そして桃井さんよりはるかに若い大学の研究者だった。

「でも、本当に小林さんの影響です」

嘘ではなかった。

かつて給湯室で聞いた、逆境の中で仕事の壁に体当たりし続けた小林さんの話を、係長になってからの私はよく思い出す。それらの行動の根っこはエゴだったかもしれないが、そのときの小林さんのことを思うと、私の中に熱い気持ちが湧く。なりふり構わず現状を突破しようとするあの小林さんのパワーを、私も持ちたい。


私が熱心に勉強を始めた理由は、それだけではない。

かつての私は、何の方針も主張もなく生きていた。他の人からの評価や世間の常識に合わせ、平穏無事に日々を生き延びることがすべてだった。

ある日、それでは人生が立ち行かなくなりはじめた。いや、自分がそれに耐えられなくなった。自分の心に正直にならないではいられなくなった。つまり、心が成長してしまった。

あえてそれを目指したわけではなかったのに。

「それに、本当に納得がいく自分の理念というか、方針や自分の軸みたいなものを持ちたくて、勉強しないではいられないんです。今、いろんなことを学んでいます」

私はよくビジネス書やマネジメントの本を読むようになった。最初は、ビジネス書の中でベストセラーとなった後に漫画化されたものから手をつけた。また、上司や先輩に、自分が読むのにちょうどいいオススメの本を尋ね、手に取ってみたりもした。そこで興味が出たものについては、ネットで見つけた社外の講習会にも参加した。

自分の中でもやもやと考えていたことが、それらの学びを通して明確に言語化されていく。抽象的にしか捉えられていなかったものが言葉になると、さらに考察が深まり、それがおもしろくてならない。

また、社外の学びの場で出会う、職種も年齢も違う人々との対話が非常に刺激的だった。彼らとの対話の場では、よく問いを投げかけられる。

どうして青木さんはそう思うの？　このことについて、青木さんならどうする？　こういう場合、青木さんだったらどう判断する？　と。


そのうち、私は普段からも自分で自分にいろんな角度で問いかけをするようになった。

それは本当にそうなのかしら？

あの理論で考えるとどういう答えになるかしら？

私の感情はどう反応しているかしら？

そして……それはエゴの保身からかしら、コアな願いからかしら？

こうしていると、自分の価値観やコアな願い、つまり理念がどんどん磨き上がる気がする。

最近は部下たちに、自分の考えをちゃんと自分の言葉で表現できるようになってきている。

「真面目ねえ。私なんか、自分なりの理念なんて小難しいこと考えないで、口の達者さと溜め込んだ知識と経験を武器に、ばばーんって力づくでやっちゃってきたけどね」と、小林さんは言った。

そして、

「な～んてね。だからあんな痛い目にあっちゃったわけだけどさあ。……って、あはは、自虐的なことを言うようになったら、さすがの私も終わりだわ。ま、どうせ本当にあと数年で定年だけど」と言って、小林さんはケラケラと笑った。

解説 絶え間ない学習を希求する自己主導段階および有機的な発達について

本章の前半を見ると、青木さんの中で自己主導段階の特徴がさらに高まってきていることが窺えます。自己主導段階は、別名「自己著述段階」とも呼ばれます。

「自己著述」というのは聞き慣れない言葉かと思いますが、端的には、自分独自の価値観を、まるで小説家が物語を紡ぎ出すかのように、自分の言葉で語ることができる特性を意味しています。さらに大きな特徴として、自分の価値観を自分の言葉で語るだけではなく、価値観という1つの物語をより豊かなものにしていこうとする衝動を持っているのがこの段階の特徴です。

青木さんが自らの理念を磨き上げるために積極的に学習を行ったり、職種も年齢も違う他者と積極的に対話を行うようになっているのは、そうした段階の特徴が強く表れているからだと言えるでしょう。コアリーダーを目指す青木さんのように、自分の理念をより豊かに育んでいくためには、継続的な学習と他者との対話が不可欠になります。そうした実践を積極的に行うことを通して、自分の価値観や理念を絶えず内省していこうとする姿勢を持っているのが、今の青木さんの特徴です。

また、本文の中で青木さんは、「ある日、それでは人生が立ち行かなくなりはじめた。いや、自分がそれに耐えられなくなった。自分の心に正直にならないではいられなくなった。つまり、心が成長をしてしまった。あえてそれを目指したわけではなかったのに」という言葉を述べています。この言葉には、人間の発達に関してとても重要な教えが含まれています。

より発達した自己を目指し、それに向かって邁進していくことは、長い人生の発達プロセスの中で必ず見られることです。自己を高め、高められた自己を通じて社会に貢献しようとすることは何らおかしなことではなく、発達プロセスの中で必然的に起こる現象です。

しかし、「多ければ多いほど（大きければ大きいほど）よい」という現代社会の風潮の中では、人間の発達に関しても「高ければ高いほどよい」という考えを私たちは持ちやすく、「上へ上へ」という安直な上昇志向に絡め取られてしまいがちなことには注意が必要です。高い次元を目指そうとする発達衝動は、時に私たちを過度な発達へと導き、私たちを苦しめることにもつながってしまいます。

青木さんの言葉は、「発達とは止むに止まれぬ形で起こるもの」という大切な考えを私たちに教えてくれます。そもそも、「発達（development）」という言葉の語源は、古典フランス語の「desvoloper」という言葉にあります。

この言葉は、「内側から花開く」という意味を持っています。確かに植物は、水や光を外側から与えられることによって成長していきますが、成長を促す力そのものは植物の中にあります。これは私たち人間にも当てはまる事柄です。

つまり、発達を生み出す真の力は外発的なものではなく、私たちの内側にあるということです。そしてさらに重要なことは、発達心理学者のジャン・ピアジェやローレンス・コールバーグが指摘しているように、私たちの発達は、この世界への関与、ないしはこの世界との触れ合いの中で成し遂げられるということです。

本文を読むと、青木さんの内側には、さらなる発達に向けた止むに止まれぬ内側の衝動が芽生えていることがわかります。そして、青木さんはさらなる発達に向けた一歩を歩み出していることもわかるのではないでしょうか。

青木さんのさらなる発達を生み出しているのは、青木さん自身の内側にある「内発的な発達動機」、職場や家庭における「他者や環境からの支援」、さらには青木さん自身が組織に関与していこうとする、「この世界への関与の意志」の3つが見事に調和していることだという点も見逃すことはできません。

私たちの発達とは、そうした多様な要因が相互作用し、内側から自発的に花開くものなのです。

自分の弱さを受容する

4年前――。

入社2年目だった東野君が起こした不祥事では、東野君は始末書程度の処分で済んだが、小林さんは部下との関係性悪化の放置と監督不行き届きの責任を問われ、減給処分となった。

しかし、小林さんにとって、真の罰はそれではなかった。

当時、一部の役員の間では、小林さんを役員も視野に入れた初の女性部長に推すのはどうか、という声が出ていたそうだ。小林さんをごひいきにしていた営業部長はそのことを彼女に漏らしており、彼女も社内初の女性役員になることをかなり期待していたそうだ。出来の悪い部下を疎んじ除外しようとするほど課の業績を気にしていたのは、そのせいもあったのかもしれない。

しかし、あの不祥事のあと、その話は完全に立ち消えとなり、二度と彼女の名前が役員候補として挙がることはなくなった。役員を夢見ていた小林さんに残されたその後の未来は、数年後の役職定年だった。小林さんにとって、それは非常に強いショックだった。

処分が決まった後の小林さんは、黙り込んで仕事をこなす日々が続いた。日ごろのパワフルさがなくなってしまった小林さんを、周りはどう扱ったらよいかわからず戸惑っていた。

「小林課長、大丈夫でしょうか……」

心配になり、偶然廊下ですれ違ったときに桃井さんに聞いた。

すると、桃井さんは

「こばちゃんはねぇ、ぜぇ〜ったい大丈夫よぉ。見てなさい、そのうち必ず立ち直るわよん。ま、感情の処理に時間はかかるだろうけどねぇ」

笑いながらそう言うと、いつもの調子でひらひらと手を振って立ち去った。

会社ではそのそぶりを一切見せなかったが、誰も知らないところで桃井さんは小林さんの痛みや苦しみの感情を吐き出させてあげる時間を作り、ゆっくりと粘り強く小林さんの傷心に寄り添っていたようだ。

みんなの記憶が薄れかけたころ、忘年会の季節となった。

忘年会は部署ごとに行われるが、たまたま営業部と総務部は同じ日に同じ居酒屋チェーン店で行われることになった。

最初は襖で仕切られた隣り合わせの部屋にそれぞれの部が案内されたが、そのうち襖を取り払い、お互いにお酌をしたりして行き来が始まった。

結局、間仕切りを取り払ってしまい、部署が混ざり合って宴会は進んだ。

化粧室から戻り自分の席に戻ろうとしたときに、宴席の桃井さんと目が合った。桃井さんはにっこりと私にウインクをして、手招きした。何だろう、と思ってそばに行くと、桃井さんの隣には小林さんがいた。

「はぁい、梅ちゃんはあっちに行った、行ったぁ」と、桃井さんは小林さんの隣に座っていた梅村さんを追い払った。

仕方なく私は梅村さんが座っていた小林さんの隣に腰を掛けることとなった。

「ほぉら、こばちゃん、言いたいことあるんでしょぉ」

と桃井さんは小林さんにビールを注ぎながら言った。

「青木ちゃん、聞いてやってねぇ。ま、とりあえず一杯どうぞぉ」

テーブルの中央に重ねてあった新しいグラスをとって私に渡し、ビールを注いでくれた。

「私は柚子ミントサワー、と。はーい、乾杯」

桃井さんの声かけに合わせ、私は遠慮がちにグラスを持ち上げ乾杯をした。

小林さんは一気にコップのビールを飲み干した。

そして、ふう、とため息をつくと、私に向かってこう言った。

「あんたの言うとおりだったわよ」

「はい？」

「私は上司になる資格なんてなかったわ」

「え？　あ、はぁ……」

「焦ってたのよ。仕事でしか認められないって思っていたから、もっと上の役職について誰も文句が言えない立場まで上り詰めたかったの。勝ち続けたかったのよ。いつも勝っていないと、会社の中に自分がいる意味を見失いそうだったのよ」

小林さんは私のほうを見ずに、どこか遠くに視線を向けるようにして一気にそう告げた。

――小林さんも私と同じだったんだ。

小林さんも私も、人からの受容や承認、優越感など、自分の価値を認めるのに自分以外の何かが必要だったのだ。

「それにさ、あんたたち若い世代が本当に羨ましかったのよ。はっきり言って妬ましかったわね。いや、腹立たしいって言ってもいいわ。今や社内のキャリアパスも教育も、社内制度はこんなに充実してきてる。そのすべてを、自ら上と戦って手に入れなくちゃいけなかった私たちのころとは大違いよ。なのに、教えてもらってないからわかりません、私にはできません、責任取りたくないですからこのままでいいですって。はぁ？　バカじゃないの？　ぜいたく言うんじゃないわよ、そんな甘いことを言う部下なんて、足手まといよって思ってたわよ」

そして、こう続けた。

「ま、そんなふうに部下を見ている人間が自分の上司じゃ、確かにやりにくいわよね。私も若いころ、そういう上司に当たっちゃったことがあってさ……。それを思い出したわ。自分の手柄ばっかり考えて、部下の環境を妬んで、そんなの、確かに上司になる資格はないわ」

小林さんは桃井さんに見守られ、感情を吐き出しながら、同時に自らの心の膿と向き合っていたのだろう。小林さんのようなプライドの高いタイプの人が自分のネガティブな部分を受容することは、そう簡単ではなかったはずだ。


「小林さん、あの、なんて言ったらいいかわからないのですが、そんな話を私にしてくださって、何だか、あの……ありがとうございます。それに、そうやって自分の弱いところをまっすぐ見つめて、……そういうの、何だか、かっこいいと言うか、素敵です。あ、何だかすいません」

何だか、を連発しながら、クサいセリフを言ってしまったと思い、私は最後に謝ってしまった。

小林さんはきょとんとした顔で私の言葉を聞くと、

「ふん。お酒の席だし、まあ……ちょっと口が滑っただけよ……」と言って、私からまた目をそらした。

私は思い出したことがあり、こう言った。

「そうだ。それに私……この間ふと気がついたんです。私たちのころから女性社員も職場を数年ごとにジョブローテーションが組まれて経験が積めるようになり、3年ごとのキャリア研修の導入と、女性の一般職でも社内試験資格の機会を得られるよう制度が整いました。あのころ人事部教育課の課長をしていたのは、小林さんですよね？」

小林さんが悔しい思いをしながら初めての課長職に奮闘していたころと、この時期が一致する。彼女は自らの葛藤経験をもとに、後輩たちの道を切り拓いたのだ。

「ふ……ふん……あれは別に……何か新しいことをして、会社からの評価が欲しかっただけよ」

と言って、小林さんはまたコップに口をつけてビールを飲もうとした。

しかし、先ほど飲み干していてコップは空だった。

「空っぽよお。あははぁ。もう、こばちゃんってばぁ」

桃井さんが笑いながら小林さんのコップとテーブルにあった私のコップにもビールを注いで、「はいはい、もう1回3人で乾杯しようねぇ」と言った。

小林さん、桃井さん、そして私は乾杯のためにコップを手に持った。

そして顔を見合わせると、何だか笑いがこみ上げてきて3人で「くふふっ」と笑った。

「はぁ、あんたと話してるとなんか調子狂うわ。さあ、飲むよ！　はい乾杯っ！」

と小林さんが威勢よく言った。

コアリーダーの奮闘——部下を変えようとするリーダー・自己変容型リーダー

さきほど小林さんがくれた冷たい炭酸水のおかげで、いくぶん気分が良くなった。

企画リサーチ課の自席に戻り、会議に参加している間に届いたメールをチェックした。すると、純子ちゃんからの社内メールが来ていた。

純子ちゃんは、昨年から営業部の主任になった。また、営業部代表として例の新商品研究会のメンバーになっている。

「研究会のことで相談させてください。ちょっと困ったことが」とのことだった。

彼女には研究会の1チームをリーダーとして任せている。何かトラブルだろうか。

「了解。今日はジムに行く日なんだよね？　あそこの休憩スペースで話そう」

と返信した。

私が通っていたスポーツジムにいつの間にか純子ちゃんも一緒に通うようになった。私は妊娠がわかってから休会をしているが、休憩スペースはジムの見学者なども入れるようになっている。ゆったりとしたソファがあるのでちょうどいい。

「走ってます」と、スマホにメッセージが届いた。私は長引いた会議のおかげで1時間ほど残業になってしまい、先にジムのプログラムを始めていて、と伝えていた。

ジムスペースに入ると、純子ちゃんがランニングマシンで汗を流していた。

「頑張ってるね！」

近づいて声をかけると、

「あ、青木さん。もうすぐクールダウンに入ります。……あ、クールダウンだ」

ランニングマシンのベルトのスピードがゆっくりと落ち、歩行スピードになった。純子ちゃんは切らせた息を整えながらクールダウンに入った。

「はあ、気持ちよかった……ストレス発散！　青木さん、休憩スペースで待っていてください。クールダウンが終わったらすぐ行きますね」と、純子ちゃんは言った。

4人がけのソファが置いてある休憩スペースに行き、そばの自動販売機で飲み物を買うとソファに座って待った。

純子ちゃんはすぐにやって来た。

「お待たせしました。ごめんなさい、急にお声掛けして」

「いいのいいの。気にしないで。誰かと喋っていると気持ちが悪いことを忘れられるから助かるの」

「あ、つわりですね。やっぱりしんどいものですか？」

「朝はいいんだけどね。夕方になるとじわじわとつらくなっちゃうの。今日は夫も帰りが遅いそうだし、1人でいると気が紛れなくてどうしようと思っていたのよ」

「そういうものなんですねぇ」

と言って、純子ちゃんは水の入った水筒を片手に、私の隣に座った。

「そんなときに、ごめんなさい。実は業務配分についてちょっと西本君と揉めてしまって」

西本君は純子ちゃんと同期入社で、彼も今は主任職だ。そして、2人とも研究会のメンバーになっている。

研究会は今、社内の中間報告会に向けて少々手間のかかる準備を進めている。そこで私は2つの業務グループに分けた。小林さん率いる資料準備をするAチームと、純子ちゃん率いる社内広報活動をするBチームだ。西本君は純子ちゃんと同じBチームに所属している。

「私、ときどき小林さんのAチームの仕事が大変なときに手伝いを申し出ていたんです。そうしたら、うちのチームの西本君がAチームの仕事はやりたくないって言い出して。でも、Aチームは私たちBチームが大変なとき、小林さんの声かけでお手伝いの人を回してくれたりしてたんです。だから、手伝うべきだと思うんです」と純子ちゃんは言った。

「そうかぁ。業務量としては公平に割り振ったんだけど、忙しい時期はそれぞれ違うからねぇ……」

私は2グループに仕事を割り振ったときのことを思い出して言った。

「わかった。ちょうど明日は研究会よね。西本君の話を聞いてみるわ」

「ありがとうございます！　はぁ……私って人から面と向かって反対されると、どうしたらいいかわからなくなっちゃって」

純子ちゃんは少しホッとした様子でそう言った。彼女はまだ、意見の対立が怖いようだ。

私もそういう時期があったな……と思った。

「じゃ、私もう一走りして来ます」

「行ってらっしゃい。じゃ、明日ね！」

純子ちゃんと別れた。

翌日。

研究会が始まった。会議室に入ると、メンバーたちが全員揃っている。

「みんな揃ってるね。実は今日、ちょっとみんなで話したいことがあるの。だから、予定していた作業を中止して、ミーティングをしたいのよ」と、私はみんなに言った。

メンバーらは、手に持ったノートパソコンや資料を机に置いて、会議室の椅子に腰をかけた。

「さて、当初私は中間報告会のための仕事を公平な分量になるよう割り振ったのだけど、どうしてもチームごとに繁忙期がずれているわよね。それについて、ちょっとチーム内で揉めてるって小耳に挟んでね」と私は切り出した。

「あ、俺っすね。昨日、純ちゃんに楯突いたんで……すんません」と、西本君がすぐにリアクションしてくれた。

純子ちゃんと同期の彼は、入社当時からの癖で仕事中でも純ちゃんと呼んでいる。

「西本君、いつもそうやってオープンな態度でいてくれてありがとう」

彼はあまりオブラートに包んでものを言わないタイプだ。きっと、こうして率直に本音を出してくれると思っていた。

「さて、西本君。あなたはどういう考えからAチームの仕事を手伝うことを反対したのか、聞かせてくれないかな」と私は西本君に尋ねた。

ところが、

「何？　あんた、うちのチームの仕事を手伝うのを嫌がったの？　こっちはBチームが大変なときに手伝ってあげたじゃない」と、小林さんが口を挟んだ。すると、

「別に俺が頼んだわけじゃないんで」と、西本君は言い返した。

西本君の口ぶりはあからさまにぶっきらぼうになった。

彼は以前からあまり小林さんをよく思っていない。かつて東野君の問題が起きたときも、小林さんの処分が重くなることを喜ぶ言葉を漏らしていた。

「なによ、その態度。あんたみたいな人がいるから、全体の業務が遅れるんじゃない。チームリーダーである純子ちゃんがやるって言ったんだから、あんたはそれに従うべきよ」

「純ちゃんは押しに弱いから、小林さんに言われて断れなかったんじゃないっすか？　俺ら、他にも業務を抱えてるんで、余計な仕事を増やしたくないんっす」と西本君は言った。

すると、

「あの……、私もちょっとキツイなって思っていました。やっとBチームが仕事の山を超えたと思ったら、Aチームの仕事を純子さんが拾ってきちゃって」

西本君の勢いに便乗し、今度はBチームに所属する派遣社員の女性がそう発言した。他のBチームのメンバーも、こくり、とうなずいた。

するとAチームの何人かが、それを聞いておもしろくなさそうな顔をした。皆、Bチームが忙しいときに仕事を手伝っていたメンバーだ。

純子ちゃんは自分が責められていると感じ、顔を青くしてうつむき黙り込んだ。

「ちょっと純子ちゃん、そうなの？　頼まれて困るなら困るってはっきり言わなくちゃだめじゃない。誰にでもいい顔をしてたらリーダーなんかできないわよ」

小林さんは今度は純子ちゃんを責めはじめた。純子ちゃんはますます身を固くした。


私は少し焦った。

これが研究会ではなく部署内で起きたことなら、星野課長に場を任せることができる。しかし、ここでは私がリーダーだ。今までそれなりに和気藹々とやってこれたので、このような対立の場面に立ち会ったのはこれが初めてだ。

「ま、まあまあ。もう少し、もう少し落ち着いてみんなで話し合いましょう……ね」

とりあえず、そう言うのが精一杯だった。昨日、小林さんにしっかりしてきたと言われたが、まだまだ、こういう場面は得意ではない。

「青木さん、そんなことを言ってないで、ちゃんと仕切ってくださいよ。業務分担したの、青木さんなんっすから」と西本君は苛立って言った。

すると小林さんも、

「そうよ、青木ちゃん。あんたがここのトップなんだから、ビシッと引っ張っていきなさいよ、まったく、頼りないわね」と言った。

2人から追い討ちをかけられ、私の心はさらに動揺した。

相変わらず、人から批判めいたことを言われると怯《ひる》んでしまう。幼少期からの「人から嫌われたくない」いい子ちゃん癖はなかなか抜けない。

しかし、明らかに心は動揺してはいるのだが、今はその感情に飲み込まれすぎず、なんとか感情と距離が取れていることも感じる。

私は動揺する気持ちを感じつつも脇に置き、皆の本音や本心に思いを馳せることに努めようと思った。

「本音や本心で人はつながりあえる」とは、桃井さんの語った恋愛論だ。おかげで以前よりずっと、私は夫と心が通じ合う実感が持てている。ときどき、ちゃんと意見のぶつかり合いや小さな葛藤も起きるようになったが、そのたびにお互いの理解が深まり、最近は愛情に加えて、友情すら感じるようになっている。葛藤が起きているとき、「良い・悪い」や「正しさ」で裁いて適切な答えにたどり着くことはできない、と夫とのやりとりで学んだ。まずは、本音や本心でつながりあって、そこから答えを創造するのだ。

私はこのまま文句を言われたままでいいわ、それより、もう少し丁寧にみんなの気持ちを探ってみたい、と、私は思った。

「ねえ、西本君。もう少しあなたの気持ちを聞かせてほしいの」と私は言った。

すると、小林さんがすかさず口を挟んだ。

「気持ちとかなんとかの問題じゃないでしょ。チーム同士で助け合うのは当然じゃない、それを西本君は……」

「小林さん、ちょっと西本君と話をさせてください。私はどんな場面でもお互いを大事にし合うチームでいたいんです」

今度は私が小林さんの言葉を遮った。

お互いを大切にし合いたい、1ミリの自己犠牲もないところで。それが私のコアな願いだ。

しかし、小林さんは食い下がった。

「あんた、そんなこと言っていたら、生産性が下がるわよ。中間報告会は役員層が全員出席する。あまり時間がないのに、当日までに準備が間に合わなかったら、評価が下がるのは研究会リーダーのあんたよ」

それを聞き、ふと、気持ちが揺れた。

評価が下がり、研究会を任せてくれた星野課長の期待を損ねるのは避けたいという思いがよぎった。

しかし……そう、これは、保身ね、私が本当に大事にしたいのは……やっぱり、私のこのコアな願いだわ、と、揺れる気持ちの中で再度自分の願いを握りしめた。

「それは……、話し合ってみないとわからないことです。このまま納得がいかない形で準備を進め、中間報告会に間に合っても、いいものが出来上がる気がしません。丁寧に話し合いましょう。それで万一報告会に間に合わなくなりそうになったら、私が役員の方々に頭を下げにいって日程を伸ばしてもらいます」

「はっ⁉　ばっかじゃないの？　ちゃちゃっと引っ張っていけばいいじゃない。何を格好つけていい人ぶってんの？」

別にいい人ぶっているわけではない。でも、まあ、そう思われてもいい。

「西本君は本来、責任感のあるタイプだと私は感じています。何か思いがある気がするんです」と言うと、小林さんがぷっとむくれた。その感情の奥には、コアな願いがある。私はこう続けた。

「小林さん……。小林さんは研究会そのものに、貴重な可能性を感じていて、だからこうして一致団結して力強く進めたいと思っていらっしゃるのですよね。私、昨日の課長会議でそれを感じました」

すると小林さんは言った。

「ふん……そうよ。これまでの研究会での活動を元にしたデータ集めを担当して気がついたわ。私たちが集めた知見は、会社の新規事業として立ち上げるべき提案が含まれている。早く役員層にそれを理解してもらって、巻き込んだほうがいい。でも研究会発足後初の中間報告会が延期されるようなら、我々の熱意が低いと取られ、役員たちの気持ちを動かすのは難しくなる。もし、今回の提案のタイミングがずれたら、……それは非常に惜しいことだわ」

昨日の課長会議で小林さんはそれを力説し、「この研究会を信じてください」と迫り、減らされそうだった予算を減らされずに済んだのだ。

「えっ……、そうなんすか……」と、西本君は言った。

Bチームの他のメンバーもハッとした顔で小林さんを見た。

「ええ。疑うならデータを示して説明もできるわ。絶対見逃せない可能性を秘めている」と小林さんは断言した。

「じゃ、小林さん、ぜひ後でみなさんにそれを教えてあげてください。さて、西本君。あなたがAグループの仕事を手伝うことを断りたい理由をもう少し詳しく聞かせてくれない？　何か、あなたなりの考えがあると私は思うの」

私は尋ねた。

「俺は……仕事の馴れ合いってよくないと思うんっすよ。ウチのチームは派遣社員のメンバーもいる。多様な働き方のひとつとして、彼女らの視点も期待されてメンバーに入ってると思うんっすけど、彼女らは残業ができないから派遣社員になっているんです。それなのに、予定外の仕事を持ち込まれて困惑していて……。リーダーたちに頼まれると、立場的に自分の本音を言い出しにくくなってるんっす。そう思うと、仕事が急に増えるような動きはよくないと思って」と、西本君は説明した。

「そっかあ。西本君は、持ちつ持たれつのムードが馴れ合いになって、断りきれない人が犠牲になるのを見ていられなかったのね」

「まあ、そういうことっす」

「西本君、多忙だと言いながら、純子ちゃんやチームメンバーの状態を本当によく見てくれているのね。ありがとう」と私は言った。

西本君は頭をかいた。

「そして……純子ちゃんは、純粋に感謝の気持ちを示したかっただけなのよね。以前、Ｂチームが大変なときに、Ａチームが気持ちよく業務を引き受けてくれたって、すごく喜んでいたものね」

と私は俯いていた純子ちゃんに向かって言った。純子ちゃんは顔を上げ、こくり、とうなずいた。

「ねえ、みんな。何かいいアイデアはないかしら。私は、誰も無理しすぎない形で、気持ちよく仕事を進める方法が必ずどこかにある気がするの。ちゃんと中間報告会に間に合う形で」

と投げかけた。

「あの……」

先ほど発言をした派遣社員の女性が手を挙げた。

「ホワイトボードにタスクを全部書き出して、見える化するのはどうでしょうか？　先ほどの小林さんの言葉を聞いて、やっぱり私はこの研究会の仕事をやり遂げたい気持ちがあるんだってはっきりしました。

実は私、今まで自分の意見を期待されて、取りあげてもらえるっていう経験がなくて、この研究会が初めてなんです。だから、本当はこの仕事にやりがいを感じていて……。でも、急に仕事を割り振られるようになったことに、困ってただけなんです。

で、提案なんですけど、チームごとの具体的なタスクを一覧できるようにして、、空き時間や仕事のついでにできそうなことを、声がけしあうのはどうでしょう？　以前派遣社員として勤めていた別の会社の部署で、そういうやり方をしていたことを思い出しました」

「お！　ナイスアイデア！」

西本君がポンと手を叩いて言った。

「いいね、それ」

小林さんも言った。

私は他のメンバーを見渡し、こう確認した。

「他のみんなも、このやり方に賛成でいい？　遠慮なく意見を言ってね。研究会リーダーとしての私の願いはただ1つ。チームの誰もが自己犠牲的になることなく、お互いを大事にしあって、大事な任務をみんなで全うしたいの」

みんなは一斉にうなずいた。

「やってみましょうよ、青木さん。やってみなくちゃわからないもの。やってみて、誰かの我慢が始まったり、業務の停滞がおきたら、またミーティングをしましょう。そうやって軌道修正をしながら、力を合わせてこの研究会を進めていきましょうよ」

先ほどまで俯いていた純子ちゃんが顔を上げてそう言った。他の皆もうなずいていた。

「わかったわ、そうね、そうしましょう！」と私は結論を出した。

「じゃ、決まったところで……」と、西本君がパチンと手を合わせてこう言った。

「小林さん、早速聞かせてくださいよ。小林さんが感じているこれまでの調査で見出した可能性を」

「いいわよ。あのね……」

小林さんは、自分のパソコンを開いて皆に見せながら説明を始めた。

皆の顔がみるみる輝きはじめた。

願いを握りしめ、ヘドロに突っ込む――損してもいい、嫌われてもいい、無価値でいい

「願いを握りしめながら、ヘドロに突っ込んだのねえ。がんばったわねえ」

2か月ほど前に起きた研究会での出来事について話すと、森尾さんはそう言った。

「え？　どういうことですか？」

「あなたは、自分の恐れに向き合って、えいやっ！　てそれに突っ込んだのよ。その怖いものを受容して、飲み込んだのよ。よく向き合えたわね。素晴らしいわ！」

ここは空港だ。

森尾さんは会社から新しい自然派食品と化粧品の事業部の立ち上げを任されている。今日から渡欧し、2週間かけてドイツでサステナブル賞をとった企業とその工場の視察をし、本場のオーガニック市場を経験することになっている。帰りはスコットランドへも回ってくるという。個人的にぜひ見ておきたい街があるそうだ。

私は見送りがてら、少し早めに森尾さんと空港で待ち合わせ、ラウンジでお茶をしている。森尾さんと話をするのは久しぶりだ。

「ヘドロって、また、すごい表現ですね。でも、自分の恐れと向き合うときって、確かに得体の知れないヘドロのような恐怖に思い切って飛び込む感じはあります」

「そう。恐れって、そんなふうに重くてどんよりとした質感があるわよね。でもさ、青木さんはそのヘドロに自分のコアな願いを握りしめて飛び込んだのよ。恐れと向き合うことが怖くてその恐れ、つまりエゴから動くことを選ばなかった。素晴らしい勇気ね！　感動しちゃうわ」

森尾さんは我が事のように喜んでくれた。

「そして、青木さん。今回はあなたにとって丁度いい大きさの恐れだったかもしれない。でも、向き合う恐れがあまりに大きすぎるとき、スルーして逃げる選択肢も人生には残すといいと思うよ。人って、いつも人生の壁に体当たりし続けられるほど、強くはないもの」と森尾さんは言った。

「でも……、もし壁をスルーして逃げ続けたらどうなりますか？」

「私の経験では、逃げ切れるものもあるだろうけど、逃げたつもりが後回しにしただけ、ということはよくあるわね。こういうのって、人生の宿題みたいに、乗り越えるまでいつまでもつきまとうみたいなのよね。

でもね、そうだとしてもね、後回しにしてもいいの。いつかまた、自分が成長して、乗り越えられる準備ができたら、その恐れが、つまり人生の宿題がやって来るから。そのとき、あなたはきっと、『怖い、でも逃げることもしたくない。もう、これを乗り越えないではいられない』っていう葛藤に出会うの。そのとき、思い切ってそれに向き合えばいいのよ。係長になる前のあなたに、かつて、そういう心の葛藤があったように」

あのときの自分に起きていたことを森尾さんにすべて話したことがある。

「森尾さん、つまり、心は無理やり成長させようと焦らなくていい、自分や周りに起きる成り行きに従っていけばいいってことですね。なんか……それこそオーガニックですね」

森尾さんが今度手掛ける事業に掛けて、私はそう言った。

「ふふ、そうそう。心の成長って、そうやって、まさにオーガニックに進めていけばいいからね」

それはどこか、人生の波に自然に乗っていくような感じがした。

「じゃ、大きすぎない恐れのときは、選択に迷ったら、あえて怖いほうへ向かっていくといいですか？」

「ちゃんと自分のコアな願いを確認して、ＹＥＳ！　って思ったらその願いを握りしめて、ヘドロに突っ込んじゃうの。えいやっ！　ってね。これぞ、潔きコアリーダーの姿ね」

研究会での話し合いのとき、私は、自分の願いを握りしめ、周りからの反発や自分が損をすることを引き受けて、動いた。恐れの小さなヘドロに突っ込んだ感じだ。コアリーダーでいられたということなのだろう。

――もしあのとき、反発や損得の恐れに気を取られ、エゴから動いたとしたら、どうしていただろうか。

リーダーの権限で一方的に西本君を責めたり、みんなを黙らせて言うことを聞かせたりすることもできただろう。または、面倒なことを言うメンバーたちを、適当な理由をつけてこっそり研究会から外す、というズルいこともできたかもしれない。

――では、スルーすることを選んだとしたら……？

そうか。

そもそも、あのような話し合いの場を作ることさえしなかったかもしれない。ジムで適当に純子ちゃんを励まして、お茶を濁していただろう。

「ところで森尾さん、恐れというものは、思い切ってそれに突っ込んじゃうと、消えてしまうような感じもありますね」

「そうね。幽霊の正体見たり枯れ尾花、なんて言葉があるけど、恐れって向き合ってしまえば消滅してしまうものなのかもしれないわね」

森尾さんは古いことわざを持ち出してそう言った。

「でもね、その最中は怖いものよね。あなたは賢かったと思うわよ。葛藤していたあの時期に、ちゃんと周りにサポーターを置いたものね。

人生の大きな恐れと向き合うとき、決して1人で頑張っちゃいけないと私は思うの。時に、そういう恐れはとても過酷なイメージを見せつけてくる。イメージって、例の、1人ドラマのことね。恐れが強いとき、そのドラマは必要以上に大げさになる。1人で頑張りすぎちゃうと、時にドラマが悲劇的になりすぎて、心が疲れ果ててしまうわ。

だから、同じような体験を乗り越えている先輩を見つけて相談に乗ってもらったり、今の状態をちゃんとわかっている専門家にアドバイスを受けながら進むのは得策よね。キャリア・カウンセラーやプロのコーチなどもいいわよね。1人で抱え込みすぎず、そのような前向きな視点を持ったサポーターの力を借りることは不可欠だと思うわ」

と森尾さんは言った。

確かに、あのとき私は本当に多くの人々の力を借りた。森尾さん、西園寺さん、後藤課長、夫、ユミちゃん、桃井さん……。森尾さんもそのようなサポーターたちに支えられ、今こうしているのだろう。

ふと興味が湧いてこう尋ねた。

「森尾さん、コアリーダーとして自分を磨き上げるまでに向き合う恐れってどういうものがありますか？」

「そうねえ、たくさんあるけど、大きなものとして3つの恐れの壁があると私は思っている。

1つは、損得勘定の壁。自分が損をするかもしれないことへの恐れ、ね。損得勘定に強くとらわれている人で、かつ頭がいい人は、周りは振り回されちゃうけど仕事の成果はすごく上げることができるっていう、ちょっとパワフルなエゴリーダーになったりしているわよ。会社の中ではちらちら見かけるわよね、うふふ。まあ、時にそういう存在も大事な組織のスパイスだけどね。

2つめは、孤独の壁。嫌われたり、孤立することへの恐れよ。きっと、あなたが一番苦手だった壁よね。この壁が怖い人は、事なかれ主義で自分の意見を出せない八方美人のリーダーになりがちね。

そして3つめは……、人当たりがいい温厚な人が多いけどね。アイデンティティの壁よ」

「アイデンティティの壁?」

その壁の意味がよくわからなかった。

「そう、アイデンティティの壁。これは実は、コアリーダーになるための壁というより、コアリーダーになってから、ぶつかる壁よ」

「え? コアリーダーになってからも、さらに壁があるんですか?」

「どうもそうみたい。……私がそうだったから」と森尾さんは言った。

「あのね、コアな願いというものは、理念や志、とも言い換えられるわよね。その理念を研ぎ澄ますほど、周りへの影響力も広がり、自分自身の生き方に確信を持つようになる。損してもいい、嫌われてもいい、だって私には私が信じているこの理念がある、ってなるの」

自分の理念を信じて立つリーダー。それは、リーダーとしての素晴らしい到達点な感じがした。

「それの何が悪いのですか？」

「悪くはないわ。間違いなくコアリーダーよ。でもね……、知らず知らずのうちに、その理念が自分のアイデンティティになってしまうことがあるの」

「理念がアイデンティティになる？」

「そうよ。この理念は正しい、この理念は周りからも支持されている……、それが自分自身の存在意義にすり替わってしまうの」

自分自身の存在意義にすり替わる。理念への依存ということだろうか。

「そうなると、どんなことが起きるのですか？」

「これは私自身に起きたことなのだけどね……」

と言って、森尾さんは自分の経験談を話してくれた。


「課長になってから、私のリーダーとしての考え方ややり方が支持されていくようになり、私自身もそこに自信と誇りを持ちはじめた時期があったの。すると、今度は、自分と違う考え方に出会うと、それを受け入れがたい気持ちが湧くようになってきちゃったの。以前だったら素直に聴けていた話だったりするのに、何だか煙たく感じるようになってね。

そして、無意識に意見が合う人ばかりと交流しようとするようになってしまったのよね。周りをイエスマンで固めたくなる感じね。

さらに、真っ向から私のやり方に反対を言うような人が現れると、それがどれほど的確な良いアドバイスだったとしても、聞く耳を持てなくなるの。皮肉なことだけど、コアな願いという理念を否定される恐れからの反応が起きたということね。恐れから動くようになったら、もうそれは、エゴリーダーよね」

なるほど。コアリーダーになったからといって、エゴリードを一切しなくなるわけではないのか。

「それで、そういう場面で森尾さんは具体的にどうなっちゃったんですか?」

「それがねえ……、相手を論破したくなる強い衝動に駆られるようになったのよ。私の理念の否定は、私自身の否定って感じちゃって、自分に価値がないことを指摘された気分になり、それだけはなんとしても回避したくなるの。

いかに自分の考えが正しくて、いかに相手が間違っているかを訴えて、理詰めで追い込みたくなるのよね。そういうときって、相手の発言の本質的な意図……、つまりコアな願いなんて考察する余裕も持てなくて、あらゆる理論を持ち込んで自分を正当化したりしてね。もしくは、私とは考え方が違うのね、なんて言って相手の意見をシャットアウトして、自分の意識の中からその相手を抹消したりしてね」

と、森尾さんはそのときの状態を正直に語ってくれた。

「信じられない。森尾さんがそんな偏屈な人になっちゃうなんて……全くイメージつきません。まるで、スターウォーズでアナキンがダークサイドに落ちちゃったみたいな感じですね」と言った。

「ダークサイドに落ちちゃう、か。確かに、自分でも押さえかねるような怒りが湧いたものよ。いや、あれは怒りというより、憤り、と言ったほうが正確かしら。相手に怒りをぶつけるというより、体の内側に抱え込んだまま憤慨するような気持ち。理屈っぽく相手を追い込みたくなるのも、そんな状態だったからかもね。

そうだ、今度、後藤課長に聞くといいわ。あのころ、後藤課長はよく私に向かって、『君はとても頑固になった、前のような素直さがなくなったね』と言っていたものよ」

と森尾さんは照れくさそうに笑った。

「森尾さんでさえそうなるなんて……。アイデンティティを失うということは、よほど怖いことなのでしょうか？」と私は尋ねた。

「……ええ。アイデンティティを失うということはね、自分が無価値であると感じることよ。自分は大したことがない人物であること、特別な人間などではないこと、それに向き合うことになるの。しかも、それまでに、損得への依存を手放し、人への依存を手放し、ようやく自立という形で自分自身の理念に立っていたんだもの。その拠り所にしていた自分の軸を失う恐れに心から怯えるの」

「何だかとても苦しいことのような気がします」

「それはそれは……自分自身がちっぽけに感じて、どうしようもない気持ちを味わう。自分に対する無価値感との出会いって、ものすごく空虚な気分になるものよ」

自己肯定感が低い状態での無価値感ではなく、十分な自己信頼に立ったうえでの無価値感との出会いが、森尾さんが言うアイデンティティの壁ということか。それは、他の2つの壁よりずっと過酷な気がする。

「でも、森尾さん。私から見たら、森尾さんって完璧で、本当に素晴らしい人なんです」

私は神奈川文社で初めて森尾さんと会ったときから彼女を完璧な女性だと感じていた。だから、今日、彼女のこのような部分を聞いて、ちょっと驚いた。

「あはは！ まさか。そんな聖人君子じゃないわ。私は自分で自分をよくわかっている。計算高くずるい自分もいるし、人の目を気にして動けなくなる小心者の自分もいる。プライドが高くて見栄っ張りな自分もいれば、嫉妬する自分、いい加減な自分……全部いることを知っているわよ。なぜなら……」

「それらと向き合ってきたから、ですよね」と私は言った。

「そうよ。向き合ってきた。そして、今はそれらの自分も、自分の大事な仲間よ」

森尾さんの言うことが、今の私にはよくわかる。

私は向き合ってこなかった自分の部分、つまり影の部分（それはネガティブな部分もポジティブな部分も含まれる）とたくさん直面した。葛藤の場面でヘドロのように心に湧く恐れの正体は、自らタブー視した自分の影の部分だ。

そのヘドロにあえて突っ込むことでその影を受容した。つまり、自分の影に光を当てた。光を当ててみたら、それらの影は自分の一部として組み込まれ、その後の活動で十分な機能を果たすようにさえなった。私は、かつて自分で嫌っていた自分のお人好しを受容し、タブー視してきた怒りの発動を受容した。今や、必要な場面で適切にお人好しを発揮できるし、言うべき場面で言いたいことを落ち着いて発言するようにもなってきている。

「結局……、自分が恐れているものは、自分自身なのよね。それを受け入れると、怖いものがどんどん減っていく。代わりに人生そのものを信じられるようになる。つくづくそう感じるわ」と、森尾さんはつぶやいた。

そうか、森尾さんが未知なることへの耐久性が高いもう1つの理由は、恐れが減り、人生を信じるようになったからなのだ。

「損得の壁・孤独の壁・アイデンティティの壁……言い換えると、『損してもいい、嫌われてもいい、無価値でいい』、それが壁を乗り越えるコツという感じですね」

「あら、うまくまとめたわね。もう一言付け加えるなら、『それでも私は自分のコアに立ち続ける』、ね」と、森尾さんは言った。

時計を見ると、森尾さんの搭乗時間が迫っている。

「森尾さん、最後に1つ聞いてもいいですか？　この3つの壁を乗り越えると……、いったい人はどうなるのですか？」

森尾さんはこう答えた。

「本当の意味で、やっと自分自身になれるのよ」

さらにこう付け加えた。

「そして、この世のあらゆるものを愛おしく思うようになるわ」

「あらゆるものを愛おしく……」と私はつぶやいた。


すると、……ポコポコ……。

腹部で、今まで感じたことがない不思議な感覚がした。


「え？　あれれ？　なんか今、ここがポコポコって……」

と言って、私はおへその下を撫でた。

「あ！　もしかして……今何週目？　胎動かもしれないわよ」

「ちょうど20週目です。……あぁ、そうか、そうなんですね。わぁ、これが胎動なんですね」

私はお腹に手を当てながら、もう一度その感覚が起きるのを待った。

「ええ、ええ。きっと、そうよ。新しい命の小さな躍動ね」

と森尾さんは私のお腹を見つめ、目を細めてそう言った。

ポコポコ……と、その命は愛おしく返事をした。

解説　終わりなき発達：相互発達段階に近づく過程で見られる現象

これまでのところ、みなさんは森尾さんに対してどのような印象を持っていたでしょうか？

青木さんが思っていたのと同じように、森尾さんは人間として非の打ち所がない人のように思っていた方もいるかもしれません。

ですが、森尾さん自身が述べているように、私たちはどれほど高度な発達段階に到達したとしても、そこでは新たな課題と限界に向き合うことになります。

ロバート・キーガンの発達段階モデルを用いれば、森尾さんは自己主導段階を超えて、「相互発達段階（自己変容段階）」に近づいていることが読み取れます。しかし、この段階においても固有の発達課題があります。

ここでもう一度、1つ前の段階、すなわち自己主導段階の特徴を思い出してください。この段階の最たる特徴は、自分独自の価値体系を構築し、それに従って生きることができるというものです。ここから相互発達段階に向かっていく過程において、乗り越えるべき課題は、構築した価値観すらも手放すことにあります。

一見するとわかりにくい表現かもしれませんが、私たちが自分なりの価値観を構築した瞬間に、私たちの存在―真の自我―は私たちから遠のいていきます。

より正確には、私たちが自分の価値観を構築し、それにとらわれ、価値観が自分と一体のものだと思っているかぎり、私たちは真の自分に気づくことができません。

相互発達段階に近づいていく際に見られる内省的な問いは、「自分の価値観を構築したその存在はいったい誰なのだろうか?」というものです。この問いは、真の自分は自ら構築した価値観そのものではなく、そもそも価値観を構築した「その存在」であることへの自覚から生まれてきます。

そうした意味において、相互発達段階に近づいていく際に見られる重要な現象は、構築した価値観を手放し、その価値観を構築した主たる存在に気づいていくことだと言えます。

そしてもう1つ、相互発達段階に近づいていく過程の中で見られる重要な自己認識は、「自己の虚構性の自覚」と「全体としての自己の受容」です。

森尾さんが自分自身を振り返り、「計算高くずるい自分もいるし、人の目を気にして動けなくなる小心者の自分もいる。プライドが高くて見栄っ張りな自分もいれば、嫉妬する自分、いい加減な自分……全部いることを知っているわよ」と述べていることは注目に値します。

ここで森尾さんが暗に示しているのは、私たちの自己は多面的な側面を持ち、置かれている状況や自分の状態が変化すれば、万華鏡のように変幻自在に姿を変える存在であるということです。相互発達段階に近づいている人は、決して自分の存在を単一的なものだとみなしません。そうではなく、彼らは自分には多様な側面があり、しかもそれらはまるで季節の移り変わりのように自然な形で変化していくことに気づくことができます。

そしてさらに重要なことは、千変万化するそうした多様な自己の側面は、確かに自分を映すものなのだが、それは自分という存在の全体を表すものではない、という認識を持っていることです。

言い換えるとこの段階の人たちは、そうした無数の自己の側面は、自分の存在全体を表すものではないゆえに、それらが「虚構の産物」であるということに対して自覚的です。ただし、相互発達段階に近づいている人たちは、虚構の産物である自己の側面を決して自分から切り離すことをしません。そうではなく、それが虚構の産物であると理解したうえでそれらを抱擁し、自分の存在全体を受容することに目覚めていきます。

一見すると非の打ち所がない森尾さんにも固有の発達課題があり、彼女はそれと向き合いながら、上記のようなプロセスを経て、さらに自己を深めていく道を少しずつ歩んでいることが窺えます。

青木美智子の学びノート 6

□願いを握りしめ、ヘドロに突っ込む。
コアな願いを見失わず、自分の恐れと向き合う。

□心は無理やり成長させようと焦らなくていい。
オーガニックに進める。

□損してもいい、嫌われてもいい、無価値でいい。
やがて、この世のあらゆるものを愛おしく思う。
～自愛から慈愛へ

最終章

自分を本当に大事にする

──リーダーシップは要領よくはできない

天然タイプ？　飛び立った森尾さん

よく晴れた空に向けて飛び立った白い飛行機は、みるみるうちに小さくなり、私たちの視界から消えて行った。

「行っちゃったね」

と、ユミちゃんが言った。

「はあ、行っちゃいましたね……って、あー！　もう、また森尾課長っ、僕がお願いしていたフォーマットへの入力、済ましていないままじゃないですか！　今日の朝までになんとかお願いしますって言っておいたのにぃ！　えっと、あぁ、ほら、やっぱりやってない。もう仕方ないなあ。帰って僕がやるしかないですね。森尾課長は本当に、世話が焼けて困りますよぉ」

と東野君が手元のスマホでファイルをチェックしながら騒いでいた。

「僕、ちょっと先に帰って大至急処理をします。お先に失礼します！　ほんと、森尾課長って、もう……」と、文句を言っている顔はなぜか嬉しそうだった。

そして私たちに軽く会釈をして、東野君はさっさと帰っていった。

東野君は、小林さんと折り合いが悪く不祥事を起こした後、神奈川支社の森尾課長の部署に異動となった。

小林さんはかつて東野君のことを、要領が悪くて仕事が遅い、頭が悪い、などとなじっていた。しかし、東野君のＯＪＴ指導をしたユミちゃん曰く、「東野君は仕事が細かすぎるの。だから時間がかかるだけよ。決して頭が悪いわけじゃないわ。私が仕事の優先順位の付け方をみっちり教えてあげた。論理的に説明するとちゃんと理解できるタイプね。さらに森尾さんが彼の仕事の細やかさを承認し続けていたら、俄然自信を取り戻して、今じゃ水を得た魚のように、元気に働いているわよ」ということだった。

上司であることを忘れさせる上司

「世話が焼ける……？　森尾さん、こういうこと多いの？」と私はユミちゃんに尋ねた。

私たちは少しおしゃべりをして帰ろうということになり、屋外の見送りスペースに置かれたベンチに2人で腰をかけた。さわやかなお天気で気持ちよかった。

「ええ、少なくないわよ。ずっと前に言ったことがあると思うけど、森尾さんって結構天然なの。細かいことが苦手でね。さすがに重大なミスにつながるようなことは絶対にしないけど、ちょっとした提出物とか締め切りとか、今回みたいにすっかり忘れてしまったり、約束のダブルブッキングをしたりね。ひらめきタイプだから、急に新しいことを持ち込んできたり、ピンと来なかったらさっさと辞めよう、と言い出したり……、たまに私たちも振り回されるわ」

「そういうふうには見えないけどなぁ」

「でしょ。でも、一緒に働くとすぐわかるわよ。例えば、課長になりたてのころ、森尾さんは部署の仕事のやり方を大きく変えて、みんなが有休をちゃんと使えて長期の休みを取れるようにしよう、と言い出したときも、現場はなかなか大変だったのよ。今までのやり方を変えるって、並大抵のことじゃないもの。森尾さんは旗を振りながら、いろんなやり方を導入しては撤回し、を繰り返していたわ。しかも、決して、そのリーダーシップの取り方は要領がいいものではなかったと私は感じてたわ。細かいところが抜けたりするし、試行錯誤の連続だから朝令暮改でルールが変わることを嫌がる人も少なくなかった」

そう言ってユミちゃんは一息つくと、私の目をまっすぐに見つめ直して続けた。

「でもね……、森尾さんはそういう要領の悪い自分を隠そうとせず、ちゃんとさらけ出してくれるの。やり方が悪かったと思ったら素直に頭を下げてくれるし、自分がどの分野に弱いかわかっているから、ちゃんと部下を頼る。そして、普段からよく私たち部下に感謝の言葉や承認をくれる。

また、なかなか先が見えなくてみんながうんざりとしたムードに陥ったときが何回かあってね。そういうとき、森尾さんは必ずこう言ったの。『私は仕事しか知らない人間を部署に作りたくない。ちゃんとプライベートの時間を持ち、そこでいろんな勉強や交流や体験をして、それを仕事に発揮してくれる人を作りたい。そうしたら、人は仕事に追いかけられるのではなく、仕事を追いかける側に立てる。仕事は追いかける側に立つと、おもしろいの。みんなにはそんな仕事の仕方をしてほしいの』って」

それは、森尾さんのコアな願いのひとつなのだな、と私は思った。

「何度も何度も、森尾さんはそれを言い続けてくれたわ。そうしたらね、時間はかかったけど、徐々にみんなが改革に主体的に取り組むようになって、最後は部署だけでなく支社全体を巻き込む改革ができたの。ほらね、前にも言ったけど、森尾さんのリーダーシップって、戦わないのに無敵って感じでしょう」

そんな話を聞きながら、私は背筋が伸びる想いだった。

コアな願いを握り、ヘドロに突っ込む。森尾さんは部下の反発や自分への不甲斐なさ、先の見えない不安というヘドロに何度も突っ込みながら、コアな願いを握り続けていたのだ。

果たして、私にそれほどの度量があるだろうか……。いや、度量などどうでもいい。私も森尾さんのように何があっても願いを握り続けていたい。

なぜなら私は、私を、私のコアな願いを裏切ることはもうしたくないからだ。

ユミちゃんに尋ねた。

「そういえば、旅立つ前に私は森尾さんとお話ししていたの。そのとき、森尾さんは課長になってから1つ大きな壁を乗り越えたことがあるというようなことを話していたの。ユミちゃん、そのときの森尾さんについて、何か覚えていることってある？」

「壁……？　どうなのかなぁ。でもね、そういえば、課長になったばかりの森尾さんはもう少し頑張っている感じがある人だったかしら」

「頑張っている感じ？　じゃ、今は頑張ってないの？」

「語弊があるかもしれないけど、頑張っているかいないか、というと、今はあまり頑張っているって言葉は似合わない感じがするなぁ。もちろん大変そうなときもあるけど、基本的にはのびのびと仕事で遊んでいるって感じかしら。必死、という感じではないわよ。課長になったばかりの森尾さんは、今よりずっと、自分でなんとかしなくちゃいけない、という必死な感じがどこかにあった気がする。成果を出そうと気負っていたのかもしれないね。それに、私たちへの指導も、言葉を尽くして様々なことを教えようとしてくれる人だった……っていうか、ちょっとアドバイスが多すぎるくらいだったかな」

ユミちゃんは当時を思い出すように、遠くを見つめてそう言った。

「でもね……、いつごろからかなあ。あまり私たちにアドバイスのようなことをしなくなった気がするの。定期面談のときなんて、8割くらい私がしゃべっているわ。森尾さんはただ親身になって、うん、うんって聞いて、合い間に1つ2つ質問をしてくれるくらいかな。その質問から、ハッとする気づきを自分の中から引き出されちゃうんだけどね。そして、最後に必ず、すごく勉強になったわ、って言って、面談はおしまい」

「何だか、部下育成ってイメージとは違う感じに聞こえるわね」

「そうね、もはや森尾さんに育ててやっているっていう感覚はない気がする。なんていうか、こう……いつも私たちに無邪気に感動している、って感じかしら。東野君も森尾さんのことを話すとき、あんなふうに親しみを込めた言い方をしていたでしょ。森尾さんってすごい人なのに、目の前にいても上司であることをうっかり忘れちゃう感じなのよねぇ」

やはり、何か森尾さん自身がシフトをした時期があったのだ。

「そうだ。ねえ、ユミちゃん。森尾さんは他にもこういうことを言っていたの。損得勘定や自分が嫌われる恐れを乗り越え、さらに自分の無価値さを受け入れると、『ようやく本当の意味で自分自身になれる』って。どういう意味かわかる？」

「それってもしかして、森尾さんがよく言っている、遠慮しちゃだめ、でも背伸びもしなくていい、ってことかしら」とユミちゃんは首をひねりながら言った。

「遠慮しない、でも背伸びもしない？　どういう意味？」

「メンバー全員が1つの生き物のようなチームになれたらいい、そのために、みんなで意識したいことだよ、って私たちには説明していたけど……。つまり、自分ができることを損得勘定でやらなかったり、周りの目を気にして遠慮してやろうとしなかったりせず、やれるならやる、と言えること。一方で、背伸びをしたり見栄を張ったりして自分以上のものになろうとしないこと。それが大事ね、って」

「メンバー全員が1つの生き物のよう……？　それが遠慮しない、でも背伸びもしないってこと？」

私はよく理解できず、そう尋ねた。

「そう、そうやって、それぞれが自分の役割を等身大で引き受けていくことでこのチームが1つの生き物として成り立っている感じだそうよ」

それでチームが成り立つのだろうか。

「ねえ、ユミちゃん。それで部署はちゃんと回ってる？」

と私は尋ねた。すると、

「それがね、結構いい感じなの。みんな働きやすそうにのびのびと仕事をしている。森尾さんが丁寧に、メンバーの無理のしすぎや遠慮のしすぎを見抜いて声をかけているからかもだけど……。これでどこまで行けるかわからないけど、このまま試し続ける価値はあると思うわ」

とユミちゃんは言った。

「でもね、これ、みんなに言っているというより、森尾さん自身がそうありたいんじゃないかなって、私は思ってる。それが証拠にね……」

と言って、ユミちゃんはスマホの写真アプリを立ち上げて、1枚の写真を表示した。森尾さんやユミちゃん、東野君たちが並んでA4サイズの紙を持って写っている。

「数か月前に、うちの部署が全員で受講したキャリアデザイン研修のときのもの。今後の目標を宣言文にして紙に書いてみんなで写真を撮ったの。ほら、森尾さんの書いたものを見て」

そう言って、ユミちゃんは親指と人差し指を画面に滑らせ、森尾さんの手元の紙を拡大してくれた。

そこにはこう書かれていた。

『責任と限界を結びつけて自分を捉えていいたい』

「……ユミちゃん、ごめん、全く意味がわかんない」

「私もわかんない。ある論文で見つけた言葉で座右の銘だって言っていたわ。でもね、多分この言葉と、私たちに言っていた、遠慮しない、でも背伸びもしない、って言葉と、さっきの自分自身になるって言葉が、何か繋がっている気がするのよね」

そして、こう続けた。

「あとね、今回の新しい事業について、自分たちだけが社会の中で勝ち組みになることを目指すのではなく、地球活動の循環の一部として効果的に機能するような事業であるというビジョンを持ってやっていきたいって言ってたの。それって、なんかこの宣言文と関わりがある気がしているの」

ユミちゃんは、森尾さんのそばにいて多くを感じ、何か掴んでいるようだ。

しかし、私にはそれがどういうものなのかどうにもピンと来なかった。

「うーん、私にはそれ、よくわからな……あ……でも……ユミちゃん、もしかして……」

と言って、私はそのまま黙って考え込んだ。

自分勝手でもなく、自己犠牲でもなく、コアな願いを大切にする道、つまり自分を本当に大事にする自愛の道を邁進した森尾さんは、今、慈愛のステージへ歩みを進めて立っているのではないか。

彼女の眼差しは、もはや、自分の願いだけでもなく、自分の仲間だけでも、会社だけでもなく、地球全体のコアな願いを見つめているような気がした。

自愛から、慈愛へ。

「そして、この世のあらゆるものを愛おしく思うようになるわ」

という森尾さんの声が胸に蘇った。

空はどこまでも透き通るように青く美しい。飛行機が消えた方向をじっと眺めながら、旅立つ前に森尾さんが残した言葉を私はもう一度思い出していた。

(了)

成人意識の発達理論 発達段階の変遷

発達段階の変遷	利己的段階（道具主義的段階）	他者依存段階（慣習的段階）	自己主導段階（自己著述段階）	相互発達段階（自己認識段階）
他者の捉え方	自己の欲求を満たすための手段・道具	自己イメージを形成するために必要なもの	協力者、同僚・仲間	自己の変容に貢献するもの
価値観	弱肉強食	コミュニティ	自己決定	人間性・慈悲心
欲求	他者の欲求を退けること	集団や組織に従属すること	自己の独自の価値観を求めること	責任と限界を結びつけて自己を捉えること
思考・行動パターンや限界の例	◆エゴリーダー あの人は自分の敵か味方か 得になる人をそばに置いておこう 使えるやつは誰だ？ 私はなんにも悪くない それは私にとって得か？ たいしたことないやつだ（自分が一番優れている） 人を見下す 「損したくない！」	◆八方美人 私は人にどう見られているのかしら 決まりを守らなくちゃ、みんなに迷惑をかけてはいけない 私、なにか悪いことしちゃったかしら… いろいろ気を遣って疲れるなあ 「嫌われたくない！」	◆コアリーダー 私は私の信じる道をゆく！ 理想とする生き方や社会がある 多くを語り、多くを示唆したい 向上したい 人は多様な考え方を持つことを尊重しているが、意見が対立する相手には心がざわざわするなあ 「私はつまらない（無価値な）人間ではない！私の信念は絶対譲れない！」	◆より深く広い視野からコアな願いを持つ、超コアリーダー 他者の成長に真から貢献したい・喜びたい 価値観の違う人との出会いは興味深くて刺激的 統合・全体性 調和
各段階で養われるリソース	自らの思いを押し通す推進力 はっきりと意見を言う 決して譲らない強い意志を養う	他の人の気持ちを推察する力 他の人の思考パターンを学ぶ 空気を読む力 角が立たない立ち振る舞いや言葉の使い方	独自の価値体系を構築する（理念として） 考えを言語化する力 全体最適の視点からの発信力 巻き込み力 向上心 自己信頼	個と全体の双方の可能性を最大限に引き出す力 その瞬間瞬間とともにいる力 いつも目の前の人と出会い直す力 新しい自己への好奇心

出所：『心の隠された領域の測定 成人以降の心の発達理論と測定手法』（オットー・ラスキー著 加藤洋平訳）一部有冬、加藤加筆

監修・解説者のあとがき

近年、日本においても成人発達理論の知見が徐々に広まりつつある状況において、キャリアやリーダシップに関して意義のある活動をされておられる有冬さんと本書を執筆できたことは大変光栄でした。あとがきとして、監修者・解説者としての考えや思いを紹介させていただきます。

数ある発達論者の中でも、近年は元ハーバード大学教育大学院教授ロバート・キーガンや、元ボストンカレッジ経営大学院教授ビル・トーバートの発達理論が日本でも積極的に紹介されています。そうした状況を背景に、彼らの発達理論を踏襲しながらも、日本ではまだあまり知られていない、カート・フィッシャーやオットー・ラスキーといった発達論者の理論の一部を本書の解説の中に盛り込んでいきました。

どの発達論者の理論も固有の価値と限界を持っているため、リーダーとしての器と能力の成長プロセスを説明する際に、1つの理論を用いて説明していくことは賢明ではないと思われました。リーダーシップといった特定の発達領域のみならず、いかなる発達領域も非常に複雑な成長プロセスを持っています。ある1つの理論だけに依拠してしまうと、本来私たちの発達現象が持つ多様性や複雑性がないがしろにされてしまうのではないか、という危惧がありました。

今回、複数の理論を用いて、本書の随所随所で解説をさせていただきましたが、人間が発達していくプロセスは、言うまでもなく、説明しきることのできないほどに豊かなものであり、そこにはその人らしさが必ず内包されています。そのため、本書を読んでくださった方々が、自分固有のリーダーシップを見出していただき、それを様々な人との関わり合いのなかで、一生涯を通じて育んでいっていただければ幸いです。

最後に、発達（development）という現象は、私たち人間のみならず、本書のような書籍にも当てはまる事柄です。本書が誕生するまでのプロセスを振り返ってみたときに、1つ思い出として残っているのは、2017年の冬に、著者の有冬さんが、私が住んでいるオランダ北部の町フローニンゲンを訪れてくださったことです。行きつけのインドネシア料理店で一緒に昼食を摂った後、街のカフェで本書の構想を練ったことがとても懐かしく思い出されます。そこから少しずつ形になって誕生したのが本書です。

本書を監修し終えて改めて思うのは、人は創造を通じて自己を深め、深められた自己をもとにして社会に関与し、それが自らの人生及び他者の人生を深めることにつながるのではないか、ということです。

本書を読んでくださった一人ひとりの方々が、自分固有のリーダーシップを発見し、それを育みながらこの世界に何らかの関与をし続けてくださること以上に望むことはありません。有形無形問わず、きっとそこには何らかの形が創造され、それが私たち一人ひとりの人生を深めてくれることにつながるはずです。私たちの世界はそのように創造され続けていくことに思いを馳せながら、ここで筆を置きたいと思います。

2019年1月

オランダ　フローニンゲン　加藤洋平

あとがき　――成人意識の発達理論と「わたしを生きる あなたと生きる」

「わたしを生きる あなたと生きる」を活動理念に掲げて、組織人のキャリアとリーダーシップ開発に携わって15年以上が過ぎようとしております。文中で、主人公青木さんの会社の先輩である桃井さんには「本音や本心で人はつながりあえる」「私を生きて、初めて誰かと生きられるのよ」と私の活動理念を語ってもらいました。

「自分の本音」や「私を生きる」とは、本書で言うところの「コアな願いを起点に生きる」ということであり、それこそが「自分らしい生き方」であると考えています。真にそのような生き方ができれば、人生をのびのびと謳歌し、うわべではなくハートで繋がれる関係性を周囲と築きながら充実した人生を生きられることでしょう。特に、過度な気遣いや葛藤に疲れた多くの人にとっては切に憧れる姿ではないかと思います。

また、リーダーシップ開発において、昨今欠かせないキーワードが「自分らしいリーダーシップ」「自己一致したリーダーシップ」です。現代の成熟経済社会では、高付加価値の創出が求められるようになり、量とスピードで勝負をかけて凌ぎを削り合っていた高度成長期の頑強なリーダーシップスタイルは、変化を求められています。つまり、自らのコアな願いを示しつつ自分自身の持ち味を活かしながら多彩なメンバーを柔軟にフォローし、かつ、裏表のない在り方で安心安全な場を提供し、メンバーたちから自由な発言や発想が起きる環境を作るリーダーシップへシフトする必要性があるのです。

まさに、個人の生き方だけでなく、組織におけるリーダーシップにも、「自分らしさ」が求められているのですが、それを発揮することはあまり簡単にはいかないようです。常に新しい手法を試したり各種理論を学んだりと、私は模索の日々を過ごしておりました。

そんなある日、成人発達理論と出会い、この学びが示唆するものに強く惹かれ、本書の監修と解説をお引き受けいただいた加藤洋平さんの著書『なぜ部下とうまくいかないのか―自他変革の発達心理学』（日本能率協会マネジメントセンター）の読書会を開いたり、その基礎理論を学ぶコースを「成人意識の発達理論研究所 ACdT Lab」（溜香世子氏・立石慎也氏）様と共催しました。それでも学びの欲求は消えず、その後一気に同研究所主催のマスターコース、ファシリテーターコースを修了し、「自分らしい生き方」を叶える多くのヒントを掴みました。

コースの仲間とのディスカッションを通し、この理論には意識の発達過程における愛情深い視点が流れていることを発見しました。そのニュアンスは、森尾さんのセリフの端々に込めました。森尾さんが温かい視点を持つ女性として映るのは、この理論に込められた「人や人生へのエール」がそのセリフに脈打っているからです。ちなみに、それらの理論的理解については、加藤さんの非常に明晰な解説でいくつかご確認いただけると存じます。

やがて私は、なんとかこの理論を1人の女性が自分らしいリーダーシップを発揮するまでの内的な葛藤も描いた小説仕立てで表現できないものか、と思うようになりました。なぜなら、某作家のインタビュー記事で「小説は読むことで体験が起きる。読んだ後、読む前の自分とは少し違った自分になっている。それが小説の役割なのだ」（うろ覚えなので少々ニュアンスが違ったかもしれません）というようなことを述べていたことが印象的だったからです。

自分らしい生き方やリーダーシップ開発を支援する身として、ただ何か知識を提供するだけでなく、読むことでわずかでも人に変容が起きるものを発信したくなったのです。

ひょんなことから、加藤さんにこのアイデアを提案する機会に恵まれ、「面白いアイデアですね」と、監修と解説をお引き受けいただいたときは、椅子から飛び上がるほど嬉しかったことを覚えています。

筆を進めて参りますと、成人発達理論をベースにしながら、これまでに「わたしを生きるあなたと生きる」という理念を探求した中で学んだ様々な気づきや知恵も、たっぷりと盛り込むことになりました。執筆は仕事の合い間を縫って毎日少しずつ楽しみながら進めました。自宅近所のカフェ、出張・旅行先で、また、新幹線や飛行機や船の上で文章を紡ぎながら、青木さん、森尾さん、小林さんたちとともに過ごしたこの1年は私にとって宝物のような時間になりました。

この書籍をお読みいただいた方々の人生を少しでも勇気づけ、より多くの人が自分自身のコアな願いから生きて周りに影響力をふりまく「コアリーダー」として、豊かな人生を歩むきっかけとなりますことを心から願っております。

謝辞

本書の執筆にあたり、お世話になった皆様にお礼申し上げます。

まずは、監修と解説をお引き受けいただいた加藤洋平さん、素晴らしい解説のおかげで本書がただのストーリーに終わらず有益な学びの書となりました。

そして、「面白いですね。読んだ後に行動を起こしたくなる本にしましょう」と編集をご担当していただいた日本能率協会マネジメントセンター根本浩美編集長の言葉に支えられ、完走することができました。また、アイデアの相談や試読の依頼を快く引き受け、多くのヒントを与えてくださった皆様にも、心から感謝の気持ちをお伝えしたいと思います。

最後に、私を見守り応援し続けてくれた夫と2人の息子たち、本当にありがとう。

２０１９年1月

株式会社Corelead 代表取締役　有冬典子

参考文献

1　オットー・ラスキー（加藤洋平訳）『心の隠された領域の測定：成人以降の心の発達理論と測定手法』（ＩＤＭ出版）
2　加藤洋平『なぜ部下とうまくいかないのか「自他変革」の発達心理学』（日本能率協会マネジメントセンター）
3　加藤洋平『成人発達理論による能力の成長 ダイナミックスキル理論の実践的活用法』（日本能率協会マネジメントセンター）
4　Hirst, P. H. & Peters, R. S. (1970). The Logic of Education. London, Routledge and Kegan Paul Ltd.
5　ジェームズ・M・クーゼス　バリー・Z・ポズナー（金井壽宏監訳　関美和訳）『リーダーシップ・チャレンジ［原書第5版］』海と月社
5　中原淳 トーマツイノベーション『女性の視点で見直す人材育成―だれもが働きやすい「最高の職場」をつくる』（ダイヤモンド社）
6　ロバート・キーガン ＆ リサ・ラスコウ・レイヒー（中土井僚監修 池村千秋訳）『なぜ弱さを見せあえる組織が強いのか――すべての人が自己変革に取り組む「発達指向型組織」をつくる』（英治出版）
7　Van Geert, P. L. C. (1986). Theory Building in Developmental Psychology. Amsterdam, Elsevier Science Publishers B.V.

■著者

有冬典子（ありとう・のりこ）

株式会社Corelead代表取締役、有冬C&Cコンサルティング 代表
名古屋市立大学大学院修了
メーカーにて総合職を3年間経験後、外資系人材派遣会社へ転職。飛び込み営業での新規開拓および深耕開拓営業を担当。入社3年目で全社営業マン800人中2位の成績を納めトップセールスとなる。
その後、150名をマネジメントする経験を得て、豊かな働き方や生き方を実現するためには、自律的なキャリア意識の確立とコミュニケーション能力が必須と痛感。
2002年「私を生きる あなたと生きる」を活動理念に、シーズ・キャリアリサーチ（現有冬C＆Cコンサルティング）を立ち上げ、独立。企業・地方自治体にて研修講師活動やセミナー企画主催を展開する傍ら、プロジェクトのチームのリーダーとして複数の若手講師の育成、マネジメントを行いリーダーシップの経験を積む。2017年、自らのコアな願い（理念・志）から周りに影響力を発揮する、戦わないのに無敵のリーダーシップ「コアリーダー」育成の株式会社Corelead（コアリード）を立ち上げる。階層別研修、リーダーシップ開発、女性リーダー育成、組織風土改革コンサルティング、ダイバーシティ及び女性活躍推進の講演や研修を中心に年間100本以上の登壇数を抱え全国を飛び回り活動している。親しみやすい人柄と、ユーモアを交えたわかりやすい解説に定評があり、毎回満足度90％以上の講師評価を誇る。
〈資格等〉CTIJapan コーアクティブ・リーダーシップ・プログラム修了、（株）ワーク・ライフバランス認定上級コンサルタント
『株式会社Corelead』ホームページ：http://corelead.jp/
リーダーシップに出会う瞬間Facebookファンページ https://www.facebook.com/groups/287098901964792/

■監修・解説

加藤洋平（かとう・ようへい）

知性発達科学者。発達科学の最新の方法論によって、企業経営者、次世代リーダーの人財育成を支援する人財開発コンサルタント。一橋大学商学部経営学科卒業後、デロイト・トーマツにて国際税務コンサルティングの仕事に従事。退職後、米国ジョン・エフ・ケネディ大学にて統合心理学の修士号（MA. Psychology）、および発達測定の資格を取得。オランダのフローニンゲン大学にてタレントディベロップメントに関する修士号（MSc. Psychology）、および実証的教育学に関する修士号を取得（MSc. Evidence-Based Education）。人間の発達や学習に関する研究の成果をもとに、大手企業の人財育成プロジェクトを支援するためにラーニングセッションや成長支援コーチングを提供。また、知性発達科学の理論をもとにした能力測定のアセスメント開発にも従事。ウェブサイト「発達理論の学び舎」にて、発達理論に関する様々な情報を共有。著書に『成人発達理論による能力の成長』『なぜ部下とうまくいかないのか「自他変革」の発達心理学』（以上、日本能率協会マネジメントセンター）、翻訳書に『心の隠された領域の測定：成人以降の心の発達理論と測定手法』（IDM出版）がある。

リーダーシップに出会う瞬間

成人発達理論による自己成長のプロセス

2019年 1 月 30 日　初版第1刷発行
2024年 2 月 15 日　　　第9刷発行

著　者——有冬典子　© 2019 Noriko Aritou
監修・解説—加藤洋平　© 2019 Yohei Kato
発行者——張 士洛
発行所——日本能率協会マネジメントセンター
〒 103-6009 東京都中央区日本橋 2-7-1　東京日本橋タワー
TEL 03(6362)4339(編集)／03(6362)4558(販売)
FAX 03(3272)8127(編集・販売)
https://www.jmam.co.jp/

装　丁——岩泉卓屋
著者撮影—雨森希紀（Maran.Don）
本文 DTP—株式会社森の印刷屋
印刷所——シナノ書籍印刷株式会社
製本所——ナショナル製本協同組合

ISBN 978-4-8207-3163-4　C2034
落丁・乱丁はおとりかえします。
PRINTED IN JAPAN